文库

贾丰臻 著

中国理学史

江西教育出版社
JIANGXI EDUCATION PUBLISHING HOUSE
·南昌·

图书在版编目（CIP）数据

中国理学史 / 贾丰臻著 . —— 南昌 : 江西教育出版
社 , 2021.10

（大家学术文库）

ISBN 978-7-5705-2822-6

Ⅰ . ①中… Ⅱ . ①贾… Ⅲ . ①理学－哲学史－中国

Ⅳ . ① B244

中国版本图书馆 CIP 数据核字 (2021) 第 174274 号

中国理学史

ZHONGGUO LIXUESHI

贾丰臻　著

江西教育出版社出版

（南昌市抚河北路 291 号　　邮编：330008）

各地新华书店经销

北京长宁印刷有限公司印刷

635 毫米 ×960 毫米　　16 开本　　12 印张　　字数 175 千字

2021 年 10 月第 1 版　　2021 年 10 月第 1 次印刷

ISBN 978-7-5705-2822-6

定价：36.00 元

赣教版图书如有印装质量问题，请向我社调换　电话：0791-86710427

投稿邮箱：JXJYCBS@163.com　　电话：0791-86705643

网址：http://www.jxeph.com

赣版权登字 -02-2021-555

"大家学术文库"编者按

　　中国学术，昉自伏羲画卦，至周公制礼作乐而规模始备。其后，王官失守，孔子删述六经，创为私学，是为诸子百家之始。《庄子》曰："道术将为天下裂。"孔子殁后，儒分为八；墨子殁后，墨分为三。诸子周游天下，游说诸侯，皆以起衰救弊、发明学术为务，各国亦以奖励学术、招徕人才为务，遂有田齐稷下学官之设。商鞅变法，诗书燔而法令明；始皇一统，儒士坑而黔首愚，当此之时，学在官府，以吏为师，先王之学，不绝如缕。至汉高以匹夫起自草泽，诛暴秦，解倒悬，中国学术始获一线生机。其后，汉惠废挟书之律，民间藏书重见天日。孝武之世，董子献"罢黜百家，表彰六经"之策，定六经于一尊。其后，虽有今古之分、儒释之争、汉宋之异、道学心学之别、义理考据之殊，而六经独尊之势，未曾移也。

　　及鸦片战起，国门洞开，欧风美雨，遍于中夏，诚"三千年未有之变局"。当此之时，国人震于列强之船坚炮利，思有以自强；又羡于西人之政教修明，思有以自效。于是有"变法守旧之争""革命改良之争""排满保皇之争"，而我国固有之学术传统，亦因之而起变化。清季罢科举而六经独尊之势蹶，蔡子民废读经而六经独尊之势丧。当此之时，立论有疑古、信古、释古之别，学派有"古史辩"与"学衡"之争，学说有"文学革命""思想革命""文字革命""伦理革命"诸说，师法有"师俄""师日""师西"之分，众说纷纭，莫衷一是，百家争鸣，复见于近代。

民国诸家，为阐明道术、解救时弊，著书立说、授课讲学，其学术思想，历久弥新，至今熠熠生辉，予人启迪。然近人著作，汗牛充栋，多如恒河之沙，使人难免望书兴叹，不知从何下手，穷其一生，亦难以卒读。因此之故，我们特精选最具代表性之近人著作，依次出版，俾读者略窥学术门墙，得进学之阶。此次选辑出版，虽未能穷尽近人学术之精品，难免有遗珠之憾；然能示人以门径，使人借此以知近人学术规模之宏大、体系之完密，亦不失我们编辑出版"大家学术文库"之初衷。

此次出版，为适应今人阅读习惯，提升丛书品质，我们特对所选书籍做了必要之编辑加工，约有如下诸端：

一、改繁体竖排为简体横排；

二、修正淘汰字、异体字，规范标点符号用法，为一些书加新式标点；

三、校改原稿印刷产生之错字、别字、衍字、脱字；

四、凡遇同一书稿中同一人名有两种及以上不同写法者，一律统改为常用写法。

除以上所举四点之外，其余一仍其旧，力求完整保持各书原貌。

然限于编者之有限学力，书中疏漏之处，在所难免，尚祈广大方家、读者诸君不吝批评斧正。

编　者

2021 年 9 月

代　序

丰臻编辑中国理学史后，发觉有许多不相干的闲话，要和阅者讲讲，姑且陆续书下来。

我敢大胆地说：中国以前只有理学，没有什么叫做哲学。那《周易》极像是哲学书，不过翻开《周易》一看，如首卦为《乾》，《乾》为天象，颇像哲学，但是文王作《卦辞》，"乾，元亨利贞"，孔子作《文言》，"元者善之长也，亨者嘉之会也，利者义之和也，贞者事之干也"，这岂不明明是理学么？孔子又作《象辞》，"天行健，君子以自强不息""地势坤，君子以厚德载物""云雷《屯》，君子以经纶""山下出泉《蒙》，君子以果行育德"……这岂不明明是理学么？又宋杨慈湖作《己易启蔽》，说："天地吾之天地，变化我之变化，非他物也。""天者吾性中之象，地者吾性中之形，故曰'在天成象，在地成形'，皆我之所为也。"清李二曲因心体论《易》，说："求《易》于《易》，不若求《易》于己；人当未与物接，一念不起，即此便是'无极而太极'。及事至今起，惺惺处，即此便是'太极之动而阳'。一念知敛处，即此便是'太极之静而阴'。无时无刻而不以去欲存理为务，即此便是'天行健，君子以自强不息'。人欲净尽而天理流行，即此便是'乾之刚健中正纯粹精'。希颜之愚，效曾之鲁，敛华就实，一味韬晦，即此便是'归藏于《坤》'。亲师取友，丽泽求益；见善则迁，如风之疾；有过则改，如雷之勇；时止则止，时行则行；见可而进，知难而退；动静不失，继明以照四方；

则《兑》《巽》《震》《艮》《坎》《离》——在己而不在《易》矣。"这岂不明明是理学么？又子思作《中庸》，说："天命之谓性""诚者天之道也""自诚明谓之性"。周濂溪作《太极图说》："太极生阳生阴生五行生万物，惟人得其秀而最灵。"张横渠作《西铭》，说："乾称父，坤称母，予兹藐焉，乃混然中处；故天地之塞吾其体，天地之帅吾其性。"颇像是哲学。但是《中庸》又说："率性之谓道，修道之谓教。""诚之者人之道也。""自明诚谓之教。"《太极图说》又说："五性感动而善恶分，万事出矣，圣人定之以中正仁义，立人极焉。"《西铭》又说："尊高年所以长其长，慈孤弱所以幼其幼……不愧屋漏为无忝，存心养性为匪懈。"这岂不明明是理学么？说理学的方面多，说哲学的方面绝无而仅有，故《论语》载："子贡曰，夫子之文章，可得而闻也；夫子之言性与天道，不可得而闻也。""季路问事鬼神，子曰：'未能事人，焉能事鬼？''敢问死。'曰：'未知生，焉知死？'"《中庸》载："至诚之道，可以前知……祸福将至，善，必先知之，不善，必先知之，故至诚如神。"而又说："诚者自成也，而道自道也。"说去说来，终觉得理学方面超过哲学方面，这岂不是中国的特色么？如拿西洋的哲学史来比较，什么叫做宗教派、神秘学派、经验派、形而上学派、观念论派、实在论派、直觉论派、功利论派、进化论派，无论怎样说法，天道和人道终究说成两橛，不能合拢一起，怎能和中国理学相提并论呢？

　　我又敢大胆地说中国以前只有理学，没有甚么叫做科学。曾子作《大学》，有"格物致知章"，可惜其义已亡，朱子取程子意以补之："所谓致知在格物者，言欲致吾之知，在即物而穷其理也；盖人心之灵，莫不有知，而天下之物，莫不有理，惟于理有未穷，故其知有不尽也；是以《大学》始教，必使学者即凡天下之物，莫不因其已知之理而益穷之，以求至乎其极，至于用力之久，而一旦豁然贯通焉，则众物之表里精粗无不到，而吾心之全体大用无不明矣；此谓物格，此谓知之至也。"吾友黄君他解释格物致知，说："格物近于现代所谓感觉问题，物格近于现代所谓认识问题，致知近于现代所谓研究问题，知至近于现代所谓解决问题；今试将缗蛮一段为例，'绵蛮黄鸟'——格物，'止于丘隅'——物格，'于止知其所止'——致知，'可以人而不如鸟乎'——知至。再举朱子七绝一首为例，'半亩方塘一鉴开'——格物，'天光云影共徘徊'——物格，'问渠那得清如许'——致知，'为有源头活水来'——知至。比如说日光吧：日光——格物，日光温暖——物格，我们做人，应得如日光的温暖——致知，要使不温暖，便冷酷得不成世界了——知至。再说空气吧。空气——格物，空气清新——物格，人的脑力，应清新如空气——致知，要使不清新，便会变陈腐了——知至。"这两段，都将物字作本义解，前清中学以上，如博物、物理、化学各科，称为格致科，就是此意。不过王阳明以为《大学》八条目是联成一片的，曰"欲"，曰"先"，曰"在"，曰"而后"，无论文理和语意，都是"一以贯之"的。所以阳明说"'格物致知'，当求诸心，不当求诸物"，"若我所谓'致知格物'者，致吾心之良知于事事物物也，吾心之良知，即所谓天理也，致吾心良知之天理于事事物物，则事事物物皆得其理矣；致吾心之良知者，致知也，事事物物皆得其理者，格物也，是合心与理而为一者也。"照这样看来，阳明的解释，比较的说得过去了。但是只有理学，而科学越看越远了。总而言之，中国人和西洋各国人不同，中国人看见乌反哺，羊跪乳，而想到怎样事亲；看见鸿雁行列，而想到怎样敬兄；看见鸳鸯交颈，而想到夫妇爱情怎样；看到迅雷烈风，而想到怎样敬天之怒；看到地震山崩，而想到怎样修省斋戒；他的"格物致知"，是属于理学的。西洋各国人不是这样的：他们看见果子在树上落地，就发明地心引力；看见热水壶盖蒸而燉动，就发明蒸汽机关；看见摩擦生电，就发明电气机关；又从枪炮战争而发明毒气战争、光线战争；从海陆战争，而发明天空战争；他的"格物致知"是属于科学的。双方又怎能相提并论呢？

目 录

第一编 绪 言

什么叫做理学？就是从古至今一般人说的性理之学。汉人治经，专讲训诂，无所谓理学；到了两宋时代，方才疏明其道理，然后有理学的名称；但以历史的眼光观察，应当从上古时代说起：《左传》楚左史倚相能读《三坟》《五典》《八索》《九丘》，称为良史；《三坟》就是三皇的书，就是伏羲、神农、黄帝的书。《五典》就是五帝的书，就是金天氏、颛顼氏、帝喾氏、陶唐氏、有虞氏的书。《八索》就是八卦书，就是夏的《连山》、商的《归藏》、周的《周易》。《九丘》就是《九州志》，就是《禹贡》。但是上古之事，荒略而不可考；太史公说得好："学者多称五帝，尚矣，然《尚书》独载尧以来，而百家言黄帝，其文不雅驯，荐绅先生难言之。孔子所传宰予问五帝德及帝系姓，儒者或不传。"可见引证古典，亦非容易的事；只有《尚书·大禹谟》所载："人心惟危，道心惟微，惟精惟一，允执厥中。"《仲虺之诰》所载："王懋昭大德，建中于民，以义制事，以礼制心，垂裕后昆。"《汤诰》所载："惟皇上帝降衷于下民，若有恒性，克绥厥猷惟后。"就是讲中的心传，就是讲心性的根源，不过后人以《大禹谟》《仲虺之诰》《汤诰》等疑为伪《尚书》，那岂不是很难研究么？所以编辑《中国理学史》，第一要辨明真伪，第二要取客观的态度。

怎叫辨明真伪？即如《尚书》分《古文尚书》和《今文尚书》两种。《古文尚书》，在汉景帝时得于孔宅壁中为蝌蚪文；西晋乱作，书复散佚；东晋元帝时，梅赜上《古文尚书》，历代信以为真；直至清阎若璩作《古文尚书疏证》八卷，方辨明为伪造。《今文尚书》为汉文帝时济南伏生所口授，晁错所笔述，共二十九篇，为汉隶书，故有今文名称；惟《今文尚书》亦不尽可靠。扬雄说："虞夏之书浑浑尔，商书灏灏尔，周书噩噩尔。"韩愈说："上规姚姒，浑浑无涯，周《诰》殷《盘》，佶屈聱牙。"所以除了浑浑灏灏噩噩和佶屈聱牙以外，大都是真伪不易辨的。《易》《诗》《春秋》为孔子以前的书；然伏羲画八卦，作重卦（六十四卦），文王作卦辞，周公作爻辞，孔子作十翼，后人皆以为有疑义。《春秋》已非鲁《春秋》，乃孔子所笔削的。《春秋》《诗经》及《仪礼》虽皆原文，但《周礼》和《礼记》亦均不可靠，《周礼》非周公所作，或出战国。《礼记》一书，所记义理，纯驳交混，异同实多。此外如《尔雅》和《周髀算经》，亦非周公所作，《素问》和《灵枢》，为战国人所作。《阴符经》《六韬》全系伪书。《山海经》为古代神话书。《神农本草》为汉以后人作。诸子书中，如《管子》《晏子春秋》《邓析子》《列子》《商君书》《吴子》《尉僚子》《鹖冠子》《鬼谷子》等，皆为后人所伪造。而《老子》《墨子》《庄子》《孟子》《荀子》《尹文子》《慎子》《公孙龙子》《韩非子》《孙子》《尸子》等，则为真本无疑。欲研究古代理学史，不可不辨明真伪，这是入手的第一步。

怎叫要取客观的态度？就是说研究理学史，要以客观的态度去研究，而不当加以丝毫主观的态度。庄子说："天下非公是也。""彼亦一是非，此亦一是非。"韩愈说："不入于杨，则入于墨；不入于老，则入于佛；入者主之，出者奴之。入者附之，出者污之。"可知一有主观，即不能研究理学史，亦即不能编辑理学史；要以公平超脱纯一无伪不偏不倚的态度出之，方有历史的价值编辑的资格。

第二编　上古理学史

第一章

三代以前的理学

（一）伏羲

伏羲的事迹，只有《易系辞传》所载尚靠得住，说道："古者包牺氏之王天下也，仰则观象于天；俯则观法于地，观鸟兽之文与地之宜，近取诸身，远取诸物，于是始作八卦，以通神明之德，以类万物之情。作结绳而为网罟，以佃以渔，盖取诸《离》。"《乾凿度》说："八卦之形为文字。" ☰就是古文的天字。☷就是古文的地字。☴就是古文的风字。☶就是古文的山字。☵就是古文的水字。☲就是古文的火字。☳就是古文的雷字。☱就是古文的泽字。八卦既然就是文字，那末说八卦就是理学的根本，当然是可以的，不过欧阳修说得好："《系辞》曰：'河出图，洛出书，圣人则之。'所谓图者，八卦之文也；神马负之而由河出以授伏羲者，盖八卦非人之所为，是天之所降也。又曰：'包牺氏之王天下也，仰则观象于天，俯则观法于地，观鸟兽之文与地之宜，于是始作八卦。'然则八卦是人之所为也，河图无与，斯二说者已不能相容；而《说卦》又曰：'昔者圣人之作《易》也，幽赞于神明而生蓍，参天两地而倚数，观变于阴阳而立卦。'则卦又由蓍出，八卦之说如是，是果何从而出耶？此三说谓由一人出，则殆非人情也。"欧阳修的言论，很有趣味。

（二）神农

神农的事迹，亦似《易系辞传》所载为靠得住，说道："包牺氏没，神农氏作，斫木为耜，揉木为耒，耒耨之利以教天下，盖取诸《益》。日中为市，致天下之民，聚天下之货，交易而退，各得其所，盖取诸《噬嗑》。"这就是农业商业的起源；后世农家者流，创并耕的学说，都以神农为护符。《孟子》所载有为神农之言者《许行》一章，可以参考；而《论语》所载《樊迟请学稼》一章，亦与农家学说颇有关系。

（三）黄帝

黄帝的事迹，亦以《易系辞传》所载为靠得住，说道："神农氏没，黄帝尧舜氏作，通其变，使民不倦，神而化之，使民宜之，《易》穷则变，变则通，通则久，是以自天祐之，吉，无不利；黄帝尧舜垂衣裳而天下治，盖取诸《乾》《坤》。刳木为舟，剡木为楫，舟楫之利，以济不通，致远以利天下，盖取诸《涣》。服牛乘马，引重致远，以利天下，盖取诸《随》。重门击柝，以待暴客，盖取诸《豫》。断木为杵，掘地为臼，臼杵之利，万民以济，盖取诸《小过》。弦木为弧，剡木为矢，弧矢之利，以威天下，盖取诸《睽》。上古穴居而野处，后世圣人易之以宫室，上栋下宇，以待风雨，盖取诸《大壮》。古之葬者，厚衣之以薪，葬之中野，不封不树，丧期无数，后世圣人易之以棺椁，盖取诸《大过》。上古结绳而治，后世圣人易之以书契，百官以治，万民以察，盖取诸《夬》。"前说八卦是理学的根本，那末书契当然是理学的根本，可以无疑了。

汉孔安国《尚书序》说："古者伏羲氏之王天下也，始画八卦，造书契，以代结绳之政，由是文籍生焉；伏羲神农黄帝之书，谓之《三坟》，言大道也。少昊颛顼高辛唐虞之书，谓之《五典》，言常道也。……八卦之说，谓之《八索》，求其义也。九州之志，谓之《九丘》，丘，聚也；言九州所有，土地所生，风气所宜，皆聚此书也。《春秋左氏传》曰：楚左史倚相能读《三坟》《五典》《八索》《九丘》，即谓上世帝王遗书也。"又汉许慎《说文序》说："古者包牺氏……始作《易》八卦以垂宪象；及神农氏结绳为治而统其事，庶业其繁，饰伪萌生；黄帝之史仓颉，见鸟兽蹄迒之迹，知分理之可相别异也，初造书契，百工以乂，万品以察，盖取诸《夬》；《夬》，扬于王庭；言文者宣教明化于王者朝廷，君子所以施禄及下居德则忌也；仓颉之初作书，盖依类象形，古谓之文；其后形声相益，即谓之字；文者物象之本，字者言孳乳而寖多也。"照二说看来，书契究为伏羲所造？抑为黄帝所造？是不可不辨明的。我的见解，伏羲是造八卦文的，黄帝的臣仓颉是造书契的，那是无用怀疑了。

（四）尧

尧的事迹，当然要依据《尚书·尧典》了，《尧典》说："曰若稽古，帝尧曰放勋。钦明文思安安；允恭克让，光被四表，格于上下；克明俊德，以亲九族，九族既睦；平章百姓，百姓昭明；协和万邦，黎民于变时雍。"这与《大学》所说"身修而后家齐，家齐而后国治，国治而后天下平"，孟子所说"亲亲而仁民""天下之本在国，国之本在家，家之本在身"相仿佛。《尧典》又说："帝曰：'畴咨若时登庸？'放齐曰：'胤子朱启明。'帝曰：'吁！嚚讼可乎？'""帝曰：'咨！四岳，朕在位七十载，汝能庸命巽朕位？'岳曰：'否！德忝帝位。'师锡帝曰：'有鳏在下，曰：虞舜。'帝曰：'俞！予闻如何？'岳曰：'瞽子，父顽，母嚚，象傲，克谐以孝；烝烝乂不格奸。'帝曰：'我其试哉？''女于时，观厥刑于二女，釐降二女于妫汭，嫔于虞。'帝曰：'钦哉！'"这就是说能官天下以位让贤的当首推尧，而贤的标准当首推孝。后世说"孝为百行之先"，恐就是唐虞时代所发起的吧？

（五）舜

舜的事迹，当然也要依据《尚书》了，《舜典》说："曰若稽古，帝舜曰重华。协于帝；濬哲文明，温恭允塞，玄德升闻，乃命以位。"这就是说舜有濬哲文明温恭允塞四样的德性。《舜典》又说："帝曰：'契：百姓不亲，五品不逊，汝作司徒，敬敷五教，在宽。'"这就是中国平民教育的起源，也就是伦理教育的起源。《舜典》又说"帝曰：'皋陶：蛮夷猾夏，寇贼奸宄，汝作士，五刑有服，五服三就，五流有宅，五宅三居，惟明克允。'"这就是中国法学的起源，也就是法家者流的起源。《舜典》又说："帝曰：'夔：命汝典乐，教胄子，直而温，宽而栗，刚而无虐，简而无傲，诗言志，歌永言，声依永，律和声，八音克谐，无相夺伦，神人以和。'夔曰：'于！予击石拊石，百兽率舞。'"这就是中国贵胄教育的起源，也就是音乐教育的起源。不过所说蛮夷猾夏的夏字颇有疑问，因中夏的名号，根据于夏代，为什么在《虞舜》的语调中有猾夏的字样呢？

第二章

三 代 的 理 学

　　尧舜相传的大道，就是一中字;《论语》载:"尧曰:'咨! 尔舜:天之历数在尔躬，允执其中，四海困穷，天禄永终。'舜亦以命禹。"所以《大禹谟》载舜命禹的话:"予懋乃德，嘉乃丕绩，天之历数在汝躬，汝终陟元后。人心惟危，道心惟微，惟精惟一，允执厥中。"又舜命皋陶:"汝作士，明于五刑，以弼五教，期于予治，刑期于无刑，民协于中，时乃功，懋哉!"而《戴记·中庸》载孔子赞舜的话:"舜其大知也与? 舜好问，而好察迩言，隐恶而扬善，执其两端，用其中于民，其斯以为舜乎?"下至汤武，秉承中道，所以《仲虺之诰》载:"王懋昭大德，建中于民，以义制事，以礼制心。"孟子亦说:"汤执中，立贤无方。"又箕子陈《洪范》于周武王九畴中第五为皇极，就是立中之道，所以说"无偏无陂，遵王之义;无有作好，遵王之道;无有作恶，遵王之路;无偏无党，王道荡荡;无党无偏，王道平平;无反无侧，王道正直;会其有极，归其有极。"所以程子解释《中庸》的中字，说:"不偏之谓中，中者天下之正道。"朱子解释说:"中者无过不及之名。"这都是皇极的绝妙注解。现在再将夏殷周关于理学的话分别说明。

（一）夏

《易系辞》说："河出图，洛出书，圣人则之。"所说河出图就是八卦，前章已说明，而洛出书就是九畴。《洪范》说："天乃锡禹洪范九畴。"颇近神话，九畴中天道人道靡不毕备，如"初一曰五行；次二曰敬用五事；次三曰农用八政；次四曰协用五纪；次五曰建用皇极；次六曰乂用三德；次七曰明用稽疑；次八曰念用庶征；次九曰向用五福；威用六极。"现除天地阴阳物理等不再述外，关于政治伦理的，如"二、五事：一曰貌，二曰言，三曰视，四曰听，五曰思。貌曰恭，言曰从，视曰明，听曰聪，思曰睿。恭作肃，从作乂，明作哲，聪作谋，睿作圣。""三、八政：一曰食，二曰货，三曰祀，四曰司空，五曰司徒，六曰司寇，七曰宾，八曰师。""五、皇极：皇建其有极。""六、三德：一曰正直，二曰刚克，三曰柔克。平康正直……沈潜刚克，高明柔克。"这与《易》的哲理先后辉映，所以河图和洛书同为古代宝贵的灵物，不过河图尚有孔子"河不出图"的言论以为证明，至洛书则除系辞"洛出书"以外，无他说可参考；那末"天乃锡禹洪范九畴"，怎和洛书发生关系呢？

禹的圣德，除《夏书》所载外，尚有《论语》所载孔子的言论，如"子曰：'巍巍乎！舜禹之有天下也，而不与焉。'""子曰：'禹：吾无间然矣，菲饮食而致孝乎鬼神，恶衣服而致美乎黻冕，卑宫室而尽力乎沟洫。禹：吾无间然矣。'"又庄子《天下篇》载："墨子称道曰：'昔者禹之湮洪水决江河而通四夷九州也，名山三百，支川三千，小者无数，禹亲自操橐耜而九杂天下之川，腓无胈，胫无毛，沐甚雨，栉疾风，置万国；禹大圣也，而形劳天下也如此；使后世之墨者多以裘褐为衣，以跂蹻为服，日夜不休以自苦为极，曰不能如此，非禹之道也。'"这样看来，夏禹为儒家墨家共同称道；他在理学上的价值，亦可想而知了。

（二）商

商汤执中建中，前文已说明，此外《尚书》所载的，如《仲虺之诰》说："惟王不迩声色，不殖货利，德懋懋官，功懋懋赏，用人惟己，改过不吝，克宽克仁，彰信兆民。"《伊训》说："先王肇修人纪，从谏弗咈，先民时若，居上克明，为下克忠，与人不求备，检身若不及。"《太甲篇》载伊尹说："先王昧爽丕显，坐以待旦，旁求俊彦，启迪后人。"汤的圣德可见一斑。《伊训》又说："敢有恒舞于宫，酣歌于室，时谓巫风。敢有殉于货色，恒于游畋，时谓淫风。敢有侮圣言，逆忠直，远耆德，比顽童，时谓乱风。惟兹三风十愆，卿士有一于身，家必丧，邦君有一于身，国必亡。"这种赤裸裸的危言，真正不可多得；且与中国社会最近浇风薄俗尤有关系，研究理学史的不可不读。又说："圣谟洋洋，嘉言孔彰，惟上帝不常，作善降之百祥；作不善降之百殃。"又《太甲》载："伊尹申诰于王曰：'呜呼！惟天无亲，克敬惟亲；民罔常怀，怀于有仁；鬼神无常享，享于克诚；天位艰哉！德惟治，否德乱。与治同道罔不兴，与乱同事罔不亡。终始慎厥与，惟明明后。……若升高，必自下；若陟遐，必自迩。无轻民事惟难，无安厥位惟危，慎终于始；有言逆于汝心，必求诸道；有言逊于汝志，必求诸非道。'"又《咸有一德》载伊尹告太甲言："非天私我有商，惟天佑于一德，非商求于下民，惟民归于一德；德惟一，动罔不吉；德二三，动罔不凶。……德无常师，主善为师；善无常主，协于克一。"这种露筋露骨的训话，只有伊尹办得到。孟子说得好："伊尹圣之任者也。"又载："伊尹曰：'天之生此民也，使先知觉后知，使先觉觉后觉也；予天民之先觉者也，予将以此道觉此民也，非予觉之而谁也？思天下之民，匹夫匹妇，有不被尧舜之泽者，若己推而内之沟中。'其自任以天下之重如此。"伊尹能这样的负责任，所以能说这样的语；确是中国历史上的荣誉，亦是中国理学史上不可多得的人物。

（三）周

周武王克商后，访问箕子以天道，箕子就将夏禹的《洪范》陈说。《尚书·洪范》说："惟十有三祀，王访于箕子，王乃言曰：'呜呼！箕子惟天阴骘下民，相协厥居，我不知其彝伦攸叙。'箕子乃言曰：'我闻在昔，鲧陻洪水，汩陈其五行，帝乃震怒，不畀洪范九畴，彝伦攸斁；鲧则殛死，禹乃嗣兴，天乃锡禹洪范九畴，彝伦攸叙。'"这说颇像神话。还有五行五事八政五纪皇极的等话，上文已载明，不必另述。此外如《旅獒》篇载召公戒武王言："德盛不狎侮，狎侮君子，罔以尽人心；狎侮小人，罔以尽其力。不役耳目，百度惟贞；玩人丧德，玩物丧志；志以道宁，言以道接；不作无益害有益，功乃成；不贵异物贱用物，民乃足；犬马非其土性不畜，珍禽奇兽不育于国；不宝远物则远人格，所宝惟贤则迩人安。呜呼！夙夜罔或不勤，不矜细行，终累大德；为山九仞，功亏一篑。"这也是理学史有价值的言论。而周公制礼尤为重要。《戴记·中庸》说："大哉圣人之道！洋洋乎！发育万物，峻极于天。优优大哉！礼仪三百，威仪三千。待其人而后行。"朱子解释礼仪为经礼，威仪为曲礼。《中庸》又载孔子说："吾说夏礼，杞不足征也；吾学殷礼，有宋存焉；吾学周礼，今用之，吾从周。"可知孔子服从周礼，就是服从周公，所以孔子在壮盛的时候，常常梦见周公；故《论语》载孔子说："甚矣，吾衰也！久矣吾不复梦见周公。"又贾公彦《仪礼疏序》说：《周礼》《仪礼》，发源是一；理有终始，分为二部；并是周公摄政之书，《周礼》为末，《仪礼》为本。《仪礼疏》曰：'《周礼》言周不言仪，《仪礼》言仪不言周，既同是周公摄政六年所制，题号不同者，《周礼》取别夏殷故言周，《仪礼》不言周者，欲见兼有异代之法，盖《仪礼》……兼夏殷也。'"周公制礼，比较夏殷二代尤为复杂，后世往往讥为繁文缛节，不过观中国一部历史，法治究竟不及礼治，所以周家八百年天下为历代所无；是理学一端，不特可以诚意正心修身齐家，直可以治国平天下，其价值可知。

第三章

儒　家

第一节　孔子

（一）孔子的事绩

孔子的事绩，传说很多，但《家语》《孔丛子》等书，材料虽很丰富，却不可靠；现在只有将《史记·孔子世家》作底本，比较的可靠些。"孔子名丘字仲尼，生于周灵王二十一年，即鲁襄公二十二年。及长为委吏，料量平，为司职吏，畜蕃息，适周问礼于老子，既反，而弟子益进。昭公二十五年，季氏逐昭公，孔子避乱适齐，齐景公欲封以尼溪之田，晏婴不可，遂行，反鲁。定公元年，季氏强僭，家臣阳虎作乱专政，孔子不仕，退修《诗》《书》《礼》《乐》，弟子弥众。九年，定公以孔子为中都宰，继为司空，又为大司寇；十年，孔子相定公会齐侯于夹谷，齐人归鲁侵地；十三年，孔子摄行相事，诛少正卯，与闻国政，三月，鲁国大治，齐人归女乐以沮之，季桓子受之，郊又不致膰俎于大夫，孔子行，适卫；十四年，孔子自卫适陈，过匡，匡人以为阳虎而拘之，既解，还卫；十五年，孔子去卫适宋，司马桓魋欲杀之，适郑，至陈主司城贞子家。哀公二年，孔子自陈反卫，将西见赵简子，至河而反，主蘧伯玉家，灵公问陈，不对而行，复如陈；四年，孔子如蔡；六年，自蔡如楚，绝粮于陈蔡之间；至楚，楚昭王将以书社地封孔子，令尹子西不可，乃止；又反乎卫，卫君辄欲得孔子为政；十一年，孔子自卫反鲁，年已六十八矣，鲁终不能用，乃叙《书》、传《礼》、删《诗》、正《乐》、赞《易》、序《彖》《系》《象》《说卦》《文言》，弟子盖三千焉，身通六艺者七十二人；十四年，鲁西狩获麟，孔子作《春秋》；十六年，孔子卒，年七十三，葬鲁地北泗上，弟子皆服心丧三年而去，惟子贡庐冢六年。孔子生鲤，先卒，鲤生伋，字子思，作《中庸》。"

（二）孔子的著作

孔子一生的大著作，就是《六经》，但是《诗》《书》是删的，《礼》《乐》是定的，《周易》是赞的，《春秋》是修的，都不是孔子的创作。他尝自说"述而不作，信而好古"，《中庸》也称他"祖述尧舜，宪章文武"，可见孔子的著作，只是把旧有的材料，整理一番罢了。不过这整理的工作，非有绝大的才学，绝大的识见，万万不能着手，换句话说，就是只有孔子有这样的本领。而孔子天纵圣智，竟后无来者，又好像尧舜以来的大经大法，专生孔子做一个结束一般，因此孔子可称为集大成；几千年来推崇孔子的都是这样说，现将梁任公所论孔子的《六经》记下。(一)《礼》《礼》经就是《仪礼》十七篇（经礼三百，曲礼三千，其书已无可考）。这十七篇，都是讲的仪注，大约是一种官书，像唐的《开元礼》、清的《大清通礼》一般，内中未必有孔子手笔。孔子教人大概是一面习这些礼仪，一面讲礼的精意，散在《礼记》《论语》等书内；至于这部《礼经》，不见得有甚么改订。(二)《诗》与《乐》《史记·孔子世家》称："古者《诗》三千余篇，孔子去其重，取可施于礼义。……故曰《关雎》之乱以为《风》始，《鹿鸣》为《小雅》始，《文王》为《大雅》始，《清庙》为《颂》始，三百五篇，孔子皆弦歌之，以求合《韶》

《武》《雅》《颂》之音。"据此，像古《诗经》孔子删去的很多。然《左传》所载朝聘燕享皆有赋诗，所赋的诗，在今本三百五篇以外的甚少；吴季札聘鲁听乐，所听亦不出今本《国风》。此皆在孔子以前，可见当时通行的《诗》，不外此数。或者孔子把他分类，立出《风》《雅》《颂》等名目；或者把次序有些改正，至于诗篇，怕未必有什么损益。故我说孔子的功劳，不在删《诗》而在正《乐》。《诗》《书》《礼》《乐》，《戴记·王制》称为"四术"，《史记》称孔子以《诗》《书》《礼》《乐》教弟子，而《论语》雅言只有《诗》《书》执《礼》，并不言《乐》；《乐》与《诗》相依，离《诗》无《乐》，离《乐》无《诗》。所以《乐》就是乐谱，并未有经。《论语》："子曰：'吾自卫反鲁，然后《乐》正，《雅》《颂》各得其所。'"可见正《乐》即是正《诗》。《史记》说："皆弦歌之，以求合《韶》《武》《雅》《颂》之音。"解说得最明白。大概孔子极好音乐而且极精，他在齐闻《韶》，三月不知肉味（《论语》）；他从师襄学鼓琴，因曲推到数，因数推到志，因志推到为人（《史记·孔子世家》）；他能教导老乐官太师挚（《论语》），可见他音乐的天才和造诣不同寻常。从前的《诗》，是否都能入《乐》，不敢断定；但这三百五篇，孔子一定都把它谱出来，或者从前旧谱有不对的，都把它改正，所以说"然后《乐》正，《雅》《颂》各得其所。"庄子说："诵《诗》三百，歌《诗》三百，弦《诗》三百，舞《诗》三百。"可见篇篇《诗》不惟能诵，而且能歌能弦能舞；孔子的精力用在这里边实在不少。他把《诗》《乐》正定之后，自己很得意，他说："《师挚》之始，《关雎》之乱，洋洋乎盈耳哉。"（《论语》）很有踌躇满志的口气。《诗》《乐》之教，是孔门最重的功课，拿现在的话来讲，就是"文学音乐合为一体，用作教育基本"。所以他的弟子子游做武城宰，就把全城都闹起弦歌之声来（《论语》）。这就是《乐》教，也就是《诗》教。可惜后世《乐》谱失传，我们只能诵《诗》，不能弦《诗》歌《诗》舞《诗》了。孔子在《诗经》上所费的精力，我们得不到多少，所以现在这部《诗经》，只能当作研究古代社会情状的资料，不能当作研究孔子学说的资料。（三）《书》《尚书纬》说："孔子求得黄帝元孙帝魁之书，迄于秦穆公，凡三千二百四十篇，断远而定近，可以为世法者百二十篇。"此说虽不甚可信，但《书经》总许是孔子从许多古书里头删选出来。因为此书中常引《商志》《周志》《商书》《周书》等文，非今本所有；就是现存这部《逸周书》，也不见是后人伪造，大概是孔子删剩下来的了。现存《尚书》二十八篇，是否孔子的足本，尚难断定；但我们从他分别去取里面，也可以推见孔子学说的一部分，即如他拿《尧典》做第一篇，一定不是毫无意义的。司马迁说"学者多称五帝尚矣，而《尚书》独载尧以来"，孔子把古代神话一笔勾消，就是他的特识。此外《尚书》的文字，或者还有许多经孔子润色过。所以研究孔子学说，这部书很应留意。

（四）《易》《诗》《书》《礼》《乐》，都可以说孔子述而不作，《易经》总算述而作，《春秋》便作不述了。现存的《易经》，除《卦辞》《爻辞》为孔子以前旧本外，其他皆孔子所作。内六十四条《彖辞》，六十四条《卦象辞》，三百八十四条《爻象辞》，完全是孔子亲笔做的，毫无疑义。还有两篇《文言》，两篇《系辞》，一篇《说卦》，据《史记》说都是孔子自著，但《文言系辞》里面有许多"子曰"，又像是弟子所记，至于《说卦》和《序卦》《杂卦》这三篇，恐怕有点靠不住。要之《彖传》《象传》《系辞》《文言》，我们总应该认为孔子的《易》学，这是孔子哲学的中坚，研究孔子学说最要紧的资料。

（五）《春秋》 孟子说："孔子惧，作《春秋》。"现行这部《春秋》，完全是孔子作的，但他的底本仍因《鲁史》，所以说他是述亦未尝不可。《春秋》是一部极奇怪的书，孔子的政治理想都在里面，自然也是研究孔子学说最要紧的资料。除《六经》以外，孔子别无著作。汉人说《孝经》是孔子所作，《孝经》开卷两句是"仲尼居，曾子侍"，即此可见不惟不是孔子所作，并不是曾子所作了。宋人更说《大学》是孔子所作，那更毫无凭据，不必深辩。

（三）孔子的言行

读《论语》，应知孔子是好学的，如"吾十有五而志于学""述而不作，信而好古""加我数年，五十以学《易》，可以无大过""我非生而知之者，好古敏以求之者也""其为人也，发愤忘食，乐以忘忧，不知老之将至"等语是。应知孔子是谦逊的，如"默而识之，学而不厌，诲人不倦，何有于我哉""德之不修，学之不讲，闻义不能徙，不善不能改，是吾忧也""丘也幸苟有过，人必知之""若圣与仁则吾岂敢""吾少也贱，故多能鄙事君子，多乎哉，不多也""吾有知乎哉？无知也，有鄙夫问于我，空空如也"等语是。应知孔子是乐天知命的，如"富而可求也，虽执鞭之士吾亦为之，如不可求，从吾所好""饭疏食饮水，曲肱而枕之，乐亦在其中矣。不义而富且贵，于我如浮云""天生德于予，桓魋其如予何""天之未丧斯文也，匡人其如予何""君子固穷，小人穷斯滥矣""不怨天，不尤人，下学而上达，知我者，其天乎"等语。应知孔子是以天下为己任的，所以说"苟有用我者，期月而已可也，三年有成""如有用我者，吾其为东周乎""吾岂匏瓜也哉，焉能系而不食"等话。又晨门说"是知其不可而为之者与"，荷蒉说"莫己知也，斯己而已矣"，接舆说"凤兮凤兮，何德之衰"，长沮说"是知津矣"，桀溺说"滔滔者，天下皆是也，而谁以易之"，丈人说"四体不勤，五谷不分"等语。应知孔子是大教育家，颜渊说"夫子循循然善诱人，博我以文，约我以礼"，又孔子说"温故而知新，可以为师矣"，是讲教师的预备工夫。"中人以上，可以语上也，中人以下，不可以语上也"，是研究学生的程度。"不愤不启，不悱不发，举一隅不以三隅反，则不复也"，是合于现在的三段或五段教学法。"无行不与""予欲无言"，是自动主义的教育。"求也退，故进之；由也兼人，故退之"，是因材施教的方法。"有教无类"，是普及教育。"譬诸草木区以别矣"，是分级教授。他讲孝道各各不同，如对孟懿子问孝，是矫三家僭礼的论调；对孟武伯问孝，是警戒纨绔子弟纵欲违生的口吻；对子游子夏问孝，是说士的孝道。他答弟子问仁，也是因材施教的，如颜渊有志为邦，就答他"克己复礼，天下归仁"；仲弓可使南面，就答他"出门如见大宾，使民如承大祭"；司马牛多言而躁，就答他"仁者，其言也讱"；子贡悦不若己者，就答他"事其大夫之贤者，友其士之仁者"。应知孔子是大卫生家，如"亵裘长，短右袂""必有寝衣，长一身有半""狐貉之厚以居""食不厌精，脍不厌细""食饐而餲，鱼馁而肉败不食，色恶不食，臭恶不食，失饪不食，不时不食""沽酒市脯不食""不多食""食不语，寝不言""祭肉不出三日，出三日不食之矣"等语是。

（四）孔子的仁说

孔子论仁的方面甚多，实在不可捉摸。他以为仁就是礼，所以说"克己复礼为仁"。仁就是敬、恕，所以说"出门如见大宾，使民如承大祭。己所不欲，勿施于人"。仁就是恭、敬、忠，所以说"居处恭，执事敬，与人忠。虽之夷狄，不可弃也"。仁就是刚、毅、木、讷，所以说"刚毅木讷近仁"。仁就是恭、宽、信、敏、惠，所以说"恭则不侮，宽则得众，信则人任焉，敏则有功，惠则足以使人"。仁之道大，为之也难；所以子文之忠，陈文子之清，不得谓仁；子路之治赋，冉求之为宰，公西华之与宾客言，不得谓仁；然而他方面又若甚易，如"有能一日用其力于仁矣乎？我未见力不足者""我欲仁，斯仁至矣""能近取譬，可谓仁之方也已"等话是。他又说"仁者杀身成仁"，所以如伯夷叔齐之饿死，称为"求仁得仁"；然如管仲之不死子纠，仍称为"如其仁，如其仁"；微子、箕子、比干之行各不同，亦称为殷有三仁；说仁的话头，千变万化，全在学者自己去理会他，大抵孝弟为仁之本，所以有若说"君子务本，本立而道生"；而忠恕为仁之实，所以告曾参说"吾道一以贯之"。

（五）孔子的德治说

孔子与人谈政治问题，亦往往因人而施，如鲁国政在三家，孔子告哀公以"举直错诸枉，则民服，举枉错诸直，则民不服"。季氏僭窃专政，孔子告以"政者正也，子帅以正，孰敢不正""苟子之不欲，虽赏之不窃""子为政焉用杀，子欲善而民善矣"等的话。叶地小民贰，孔子告叶公以"近者悦，远者来"。子路勇于任事，不能持久，孔子告以"无倦"。子夏笃信谨守，规模狭隘，孔子告以"无欲速，无见小利，欲速则不达，见小利则大事不成"。子游喜以礼乐为教，孔子告以"君子学道则爱人，小人学道则易使也"。仲弓有人君之度，孔子告以"先有司，赦小过，举贤才"。颜渊有王佐之才，孔子告以"行夏之时，乘殷之辂，服周之冕，乐则《韶》舞"。孔子以为德治最盛的时代，莫如陶唐、虞夏，故说"巍巍乎舜禹之有天下也，而不与焉"，又说："大哉尧之为君也，巍巍乎惟天为大，惟尧则之，荡荡乎民无能名焉，巍巍乎其有成功也，焕乎其有文章。"德治的反面为法治，是孔子所反对的，因此说"道之以政，齐之以刑，民免而无耻""听讼吾犹人也，必也使无讼乎"等话。孔子深爱和平，因此说："善人为邦百年，亦可以胜残去杀矣。"孔子痛恶聚敛，因此说："有国家者，不患寡而患不均，不患贫而患不安。"种种说法总不脱"为政以德""道之以德"的口气。

（六）孔子的观人法

孔子说："视其所以，观其所由，察其所安，人焉廋哉。"又说："吾之于人也，谁毁谁誉？如有所誉者，其有所试矣。"这就是孔子的观人法。孔子的观人，不但对于时人和门弟子，还有一种普通称谓的君子小人，如"君子周而不比，小人比而不周""君子和而不同，小人同而不和""君子泰而不骄，小人骄而不泰""君子喻于义，小人喻于利"，君子小人种种相反的论调，究竟君子小人怎样分别，只要从相反的方面去观察去论断，便可不爽秋毫；如地位的相反，人品的相反，做事的相反。《朱注》"君子为有德位之通称"，那么就可以知小人为无德位之通称了。又说"君子谓在上之人"，那么就可知小人是细民了。但是书中哪一章是指在上之君子，哪一章是指有德位之君子，哪一章是指细民的小人，哪一章是指无德位之小人，全要自己去体会。譬如读"君子贤其贤而亲其亲，小人乐其乐而利其利"句，就应当知道是说有位无位者的。读到"君子喻于义，小人喻于利""君子怀德，小人怀土""女为君子儒，毋迷小人孺"等句，就应当知道是说有德无德者的。还有单称君子或单称小人的去处，那就读书时要格外注意，如"君子笃于亲，则民兴于仁""君子之道，本诸身，徵诸庶民……""故君子有不战，战必胜矣"等句，就是指有位者说。如"君子不重则不威，学则不固""君子食无求饱，居无求安""君子耻其言而过其行""君子有三戒""君子有三畏""君子有九思""君子之过如日月之食"等句，就是指有德者说。如"小人哉，樊须也"句，就是指无位者说。如"小人之过也，必文"句，就是指无德者说。有人说"君子这名辞和英语的 Gentlemen 最相类"，这话虽似有理，但英语用此名词的去处很多，或且成了男子的通称，那就不能代表孔子所称的君子了。

（七）孔子的人格

1. 属于智的　孔子说："我非生而知之者，好古敏以求之者也。"又说："十室之邑必有忠信如丘者焉，不如丘之好学也。"韩愈说："圣人无常师，孔子师郯子、苌弘、师襄、老聃，郯子之徒，其贤不及孔子，孔子曰：'三人行，必有我师。'"可见孔子好学不倦、从师领教的精神。孔子又说："学而时习之，不亦说乎？""学如不及，犹恐失之。""学之不讲，是吾忧也。""吾十有五而志于学。""平地虽复一篑，进，吾往也。""其为人也，发愤忘食。""加我数年，五十以学《易》。"可见孔子直以学问为第二生命。2. 属于情的　孔子最富情感，《论语》载"子食于有丧者之侧，未尝饱也"，"子于是日哭，则不歌"，"子见齐衰者，虽狎必变"，"凶服者式之"，"朋友死，无所归，曰'于我殡'"，"孔子在卫，遇旧馆人之丧，入而哭之哀"，"颜渊死，子哭之恸"，"子路死于卫，孔子命覆醢"，"仲尼之畜狗死，使子贡埋之"，可见孔子最易触动情感，且救世的热肠亦不可及，他说："鸟兽不可与同群，吾非斯人之徒与而谁与？天下有道，丘不与易也。"《仪》封人说："天下之无道也久矣，天将以夫子为木铎。"晨门说："是知其不可而为之者与？"可见孔子忧世忧民的志愿，在他人亦能领略。又孔子对于美的情感亦极盛，如"子谓《韶》尽美矣，又尽善也；谓《武》尽美矣，未尽善也"，"子在齐闻《韶》，三月不知肉味，曰'不图为乐之至于斯也'"，"子与人歌而善，必使反之，而后和之"，"师挚之始，《关雎》之乱，洋洋乎盈耳哉"，"孔子绝粮陈蔡，七日而弦歌之声不辍"，这就是孔子对于音乐的情感。又说："知者乐水，仁者乐山。"又曾点言志说："莫春者，春服既成，冠者五六人，童子六七人，浴乎沂，风乎舞雩，咏而归。"夫子喟然叹曰："吾与点也。"这就是孔子对于景物的情感。总之孔子是极富于情感的。3. 属于意的 孔子不但富于智识和感情，并且富于意志。他说："见义不为无勇也。""三军可夺帅也，匹夫不可夺志也。""仁者必有勇。""志士仁人无求生以害仁，有杀身以成仁。""自反而不缩，虽褐宽博，吾不惴焉；自反而缩，虽千万人，吾往矣。""君子和而不流，强哉矫！中立而不倚，强哉矫！国有道，不变塞焉，强哉矫！国无道，至死不变，强哉矫！"这就是孔子教人意志强固的明证。又齐鲁夹谷会盟，孔子相定公，不但不受齐人威胁，并使齐人归鲁侵地，足见孔子自己意志的强固。总之，孔子的人格，是智情意三方面发达到调和圆满的。

（八）孔子的门人

孔子的弟子颇有出色的人才，可惜颜渊短命，子路不得其死。孔子没后，"子夏、子游、子张以有若似圣人，欲以所事孔子事之，强曾子，曾子曰：'不可，江汉以濯之，秋阳以暴之，皓皓乎不可尚已。'"。有若言行气象，颇似孔子，为子夏、子游、子张所心服，后来荀子一派，颇有关系。曾子的学问传于子思，子思传于孟子；所以《大学》说慎独，《中庸》亦说慎独。《大学》说不以利为利，以义为利，《孟子》亦说仁义而已，何必曰利。一脉相传的是孔门正派。此外子夏一派，他的势力最大，《戴记·檀弓》载曾子语："我与汝事夫子于洙泗之间，退而老于西河之上，使西河之人疑汝于夫子？"魏李萧远说："其徒子夏升堂而未入于室者也，退老于家，魏文侯师之，西河之人肃然归德，比之于夫子而莫敢间其言。"可见当时子夏的情形了。不过子夏在孔门中规模最为狭隘，孔子说："商也不及。"子游说："子夏之门人小子，当洒扫应对进退则可矣，抑末也，本之则无如之何。"亦可窥见一斑了。

第二节　子思

孔子孙子思名伋，鲁缪公曾经师事过他，《孟子》载："昔者鲁缪公无人乎子思之侧，则不能安子思。"又载："缪公亟见于子思曰：'古千乘之国以友士何如？'子思不说，曰：'古之人有言曰：事之云乎，岂曰友之云乎？'子思之不说也，岂不曰：'以位，则子君也，我臣也，以德，则子事我者也，奚可以与我友。'"又据《荀子·非十二子篇》，知当时儒家的派别，有子张氏之儒，子夏氏之儒，子游氏之儒，并子思孟轲共为四派，荀子在四派外，共为五派。据《韩非子·显学篇》说："儒分为八，有子张之儒，有子思之儒，有颜氏之儒，有孟氏之儒，有漆雕氏之儒，有仲良氏之儒，有孙氏之儒，有乐正氏之儒。"想以上各家都各有他的特色，才分出派别来。可惜中间有几派学说全然失传。颜氏之儒，或者是宗法颜渊的，可惜无从考查了。漆雕氏之儒，是漆雕开传下，《论语》载："子使漆雕开仕，对曰：'吾斯之未能信。'"可见开为人很高尚坚强。《显学篇》说"不色挠，不目逃，行曲则违于臧获，行直则怒于诸侯"，和《孟子》所载北宫黝、孟施舍、子襄等相同，成为孔门的武侠派。子张才高意广，好为苟难，所以孔子说："师也过。"子游说："吾友张也为难能也，然而未仁。"曾子说："堂堂乎张也，难与并为仁矣。"可见他自成一派。子游传孔子大同的学说，读《戴记·礼运》可知。'惟子游为吴人，吾道南行，其功最大。仲良氏不知何人。孙氏即荀卿。乐正氏即乐正子春，学于曾子，与子思同，惟乐正子春拘谨有余,《戴记·祭义》载"乐正子春下堂而伤其足,数月不出,犹有忧色",却和子思的"尊德性而道问学,致广大而尽精微,极高明而道《中庸》"不可一概论了。总之孔子没而微言绝,七十子丧而大义乖,幸有一子思,把孔门传授心法用笔记下,以授孟子,就是《中庸》一书。《中庸》在赵宋以前本在《戴记》中,及二程出,从《戴记》中抽出,和《大学》《论语》《孟子》称为四书。《中庸》言天命性道,说理至精,论道至微,为一大理学书。后世相传为《中庸》非子思所作,是否与孔子之教相合,皆属疑问。不过他的理想,确是前后一贯,与师曾子所传孔子一贯之道亦合。特分述如下。

(一)天命性道

子贡说:"夫子之言性与天道,不可得而闻也。"孔子说:"性相近也,习相远也。"是孔子并未明说过天命性道。虽《易经》的十翼,相传为孔子所作,但十翼所说明吉凶消长之理、进退存亡之道,都是人生寻常日用所容易见到的。并非后世谶纬术数之学可比。只有《中庸》开宗明义第一章就说:"天命之谓性,率性之谓道,修道之谓教。"和老子"圣法天,天法道,道法自然"不相合。且老子未曾谈到教字,就是只有自然没有人为的区别。《中庸》又说:"道也者,不可须臾离也,可离非道也,是故君子,戒慎乎其所不睹,恐惧乎其所不闻。"这就是说明"率性之谓道"。道如果可离,怎样叫做率性。又说:"道之不行也,我知之矣,智者过之,愚者不及也,道之不明也,我知之矣,贤者过之,不肖者不及也。"可见道就是中。"和也者,天下之达道也",可见道就是和。《朱注》说:"中为道之体,和为道之用。"确是不差。又说:"君子之道,费而隐;夫妇之愚不肖,能知能行,及其至也,虽圣人有所不知不能。"这能知能行,就是率性。圣人不知不能,就是天命。又说:"君子之道,造端乎夫妇,及其至也,察乎天地。"这与上文完全相同。又说:"忠恕违道不远,施诸己而不愿,亦勿施于人。"忠和恕都是人性所固有,所以叫做"道不远人"。又说:"君子之道,辟如行远必自迩,辟如登高必自卑。"这登高行远，就是察乎天地，就是圣人不知不能，就是天命。自迩自卑，就是造端乎夫妇，就是能知能行，就是率性。《中庸》所说的天命性道，何尝不是一贯的呢？

（二）中和与中庸

《论语》载："子曰：'中庸之为德也，其至矣乎！民鲜久矣。'"又"子贡问：'师与商也孰贤？'子曰：'师也过，商也不及。'曰：'然则师愈与？'子曰：'过犹不及。'"这就是孔子主张中庸的论调。后子思作《中庸》，把中庸二字作根据。不过他未说中庸以前，先说中和，因中和和中庸很有关系。《中庸》说："喜怒哀乐之未发谓之中，发而皆中节谓之和，中也者，天下之大本也，和也者，天下之达道也，致中和，天地位焉，万物育焉。"《朱注》以"中为道之体，和为道之用"。《庄子·齐物论》："惟达者知通为一，为是不用而寓诸庸，庸也者用也，用也者通也，通也者得也。"可知和为用，庸亦为用。那末中和就是中庸。现在把《中庸》上面所载的话举出来。

> 仲尼曰："君子中庸，小人反中庸；君子之中庸也，君子而时中；小人之反中庸也，小人而无忌惮也。"
> 子曰："中庸其至矣乎！民鲜能久矣。"
> 子曰："道之不行也，我知之矣，知者过之，愚者不及也。道之不明也，我知之矣，贤者过之，不肖者不及也。"
> 子曰："舜其大知也与！舜好问而好察迩言，隐恶而扬善，执其两端，用其中于民，其斯以为舜乎！"
> 子曰："人皆曰予知，择乎中庸，而不能期月守也。"
> 子曰："回之为人也，择乎中庸，得一善，则拳拳服膺，而勿失之矣。"
> 子曰："天下国家可均也，爵禄可辞也，白刃可蹈也，中庸不可能也。"
> 子曰："君子依乎中庸，遁世不见，知而不悔，惟圣者能之。"
> 庸德之行，庸言之谨，有所不足，不敢不勉，有余不敢尽，言

顾行，行顾言，君子胡不慥慥尔。

照上面看来，《中庸》就是孔门的心法，就是做人的道德。希腊亚里斯多德（Aristoteles）他说中庸之德，就是不过多，不过少，不趋于两极端的。他的分类：（一）勇气，为恐怖和粗暴之中庸所存的德。（二）节制，为佚乐和拘守之中庸所存的德。（三）惠与，为奢侈和吝啬之中庸所存的德。（四）壮大，为豪奢和刻薄之中庸所存的德。（五）大度，为傲慢和卑屈之中庸所存的德。（六）温和，为忿怒和圆滑之中庸所存的德。（七）谦让，为倨傲和畏葸之中庸所存的德。（八）机智，为谐谑和鄙野之中庸所存的德。（九）友爱，为阿谀和简慢之中庸所存的德。这可作子思《中庸》的参考。

（三）诚

韩愈说："子思之学盖出曾子。"所以曾子作《大学》说诚意，子思作《中庸》亦说诚。不过《大学》说诚，只说人道；而《中庸》说诚，人道以外还兼天道，有的是解释人生道德，有的是解释宇宙本体；因子思作《中庸》，他开宗明义就讲天命性道；所以说到诚字，亦就天道人道而立言；这就是和《大学》不同的地方。现在把关于诚字的话载下来。

> 顺乎亲有道，反诸身，不诚不顺乎亲矣。诚身有道，不明乎善，不诚乎身矣。
>
> 诚者天之道也，诚之者人之道也；诚者不勉而中，不思而得，从容中道，圣人也；诚之者择善而固执之者也。
>
> 自诚明谓之性，自明诚谓之教，诚则明矣，明则诚矣。
>
> 惟天下至诚，为能尽其性；能尽其性，则能尽人之性；能尽人之性，则能尽物之性；能尽物之性，则可以赞天地之化育；可以赞天地之化育，则可以与天地参矣。
>
> 至诚之道，可以前知，国家将兴，必有祯祥；国家将亡，必有妖孽。见乎蓍龟，动乎四体，祸福将至。善，必先知之，不善，必

先知之，故至诚如神。

诚者自成也，而道自道也。

诚者物之终始，不诚无物，是故君子诚之为贵。

诚者非自成己而已也，所以成物也，成己仁也，成物知也，心之德也，合外内之道也，故时措之宜也。

故至诚无息，不息则久，久则征，征则悠远，悠远则博厚，博厚则高明。

子思就天道人道而说诚，就是宋儒理气二元论的开端。因子思说诚名为一元，而实仍为二元，所以有此结果。

第三节　孟子

《史记》说："孟轲邹人也，受业子思之门人，道既通，游事齐宣王，宣王不能用。适梁，梁惠王不果所言，则见以为迂远而阔于事情。当是之时，秦用商君，富国强兵。楚魏用吴起，战胜弱敌。齐威王宣王用孙子田忌之徒，而诸侯东面朝齐。天下方务于合从连衡，以攻伐为贤。而孟轲乃述唐虞三代之德，是以所如不合，退而与万章之徒，序《诗》《书》述仲尼之意，作《孟子》七篇。"太史公所说比较的可靠，不过这"退而与万章之徒作《孟子》七篇"一句话，有点说不过去。因《孟子》这部书与《论语》相同，《论语》相传为有子、曾子的门人述的，那末《孟子》亦决不会孟子自己做的，定是孟子的门人转述的，或是门人的门人转述的，因其中多称孟子的缘故。且《孟子》所载孟子当时所见诸侯皆称谥，如齐宣王、梁惠王、梁襄王、滕定公、滕文公、鲁平公等；人死然后有谥，难道他作《孟子》的时候，凡见过的诸侯都已死了么？并且梁惠王元年到鲁平公死凡七十七年，梁惠王见孟已称"叟不远千里而来"，那么怎能见到鲁平公的死，可见是后人的转述，不必多疑了。又有人说：《孟子》一书，没有经过秦火，因称子书得不泯绝，然而《孟子》七篇中散佚的仍不少，如《荀子》载："孟子三见齐王不言，弟子问，曰'我先攻其邪心'。"又《杨子》载：孟子曰："夫有意而不至者有矣，未有无意而至者也。"足见没经过秦火之说亦不确。

又孟子继承子思的学说，确无可疑；如孟子曰："居下位而不获于上，民不可得而治也；获于上有道，不信于友，弗获于上矣；信于友有道，事亲弗悦，弗信于友矣；悦亲有道，反身不诚，不悦于亲矣；诚身有道，不明乎善，不诚其身矣。是故诚者天之道也，思诚者人之道也。至诚而不动者，未之有也；不诚未有能动者也。"这和《中庸》上的"在下位"节正相同。又孟子曰："尽其心者知其性也；知其性，则知天矣。存其心养其性，所以事天也。"这和《中庸》上开宗明义第一章"天命之谓性"正相同，可见人的性就是天。又孟子曰："万物皆备于我矣，反身而诚，乐莫大焉。"这和《中庸》"唯天下至诚，为能尽其性，能尽其性，则能尽人之性，能尽人之性，则能尽物之性，能尽物之性，则可以赞天地之化育，可以赞天地之化育，则可以与天地参矣"节正相同。可见人的性和天的性是同一的。又孟子曰："动容周旋中礼者，盛德之至也。"这和《中庸》上"诚者不勉而中，不思而得，从容中道，圣人也"正相同。从这种方面看来，《史记》说"孟轲受业子思之门人"，并非无根据的。现将孟子的学说列举如下。

（一）仁义说

孔子只说仁，所以《易·系辞》上"立人之道曰仁与义"，后人往往疑为不是孔子说的；然而孟子却兼说仁义，现列举出来。

> 孟子对曰："王何必曰利，亦有仁义而已矣。王曰何以利吾国，大夫曰何以利吾家，士庶人曰何以利吾身，上下交征利，而国危矣；万乘之国，弑其君者，必千乘之家；千乘之国，弑其君者，必百乘之家；万取千焉，千取百焉，不为不多矣；苟为后义而先利，不夺不餍。未有仁而遗其亲者也，未有义而后其君者也。"

曰："恶！是何言也？齐人无以仁义与王言者，岂以仁义为不美也，其心曰：是何足与言仁义也云尔。则不敬莫大乎是；我非尧舜之道，不敢以陈于王前，故齐人莫如我敬王也。"

杨墨之道不息，孔子之道不著，是邪说诬民充塞仁义也，仁义充塞，则率兽食人，人将相食。

孟子曰："自暴者不可与有言也，自弃者不可与有为也；言非礼义，谓之自暴也；我身不能居仁由义，谓之自弃也。仁人之安宅也，义人之正路也，旷安宅而弗居，舍正路而不由，哀哉！"

孟子曰："君仁莫不仁，君义莫不义。"

告子曰："性犹杞柳也，义犹桮棬也，以人性为仁义，犹以杞柳为桮棬。"孟子曰："子能顺杞柳之性，而以为桮棬乎？将戕贼杞柳，而后以为桮棬也？如将戕贼杞柳，而以为桮棬，则亦将戕贼人以为仁义与？率天下之人而祸仁义者，必子之言夫。"

虽存乎人者，岂无仁义之心哉？其所以放其良心者，亦犹斧斤之于木也，旦旦而伐之，可以为美乎？

孟子曰："仁人心也，义人路也，舍其路而弗由，放其心而不知求，哀哉！"

先生以仁义说秦楚之王，秦楚之王悦于仁义而罢三军之师，是三军之士，乐罢而悦于仁义也，为人臣者怀仁义以事其君，为人子者怀仁义以事其父，为人弟者怀仁义以事其兄，是君臣父子兄弟去利怀仁义以相接也，然而不王者未之有也。何必曰利。

王子垫问曰："士何事？"孟子曰："尚志。"曰："何谓尚志？"曰："仁义而已矣。杀一无罪非仁也，非其有而取之非义也，居恶在？仁是也，路恶在？义是也，居仁由义，大人之事备矣。"

孟子曰："人皆有所不忍，达之于其所忍，仁也；人皆有所不为，达之于其所为，义也。人能充无害人之心，而仁不可胜用也；人能充无穿窬之心，而义不可胜用也。人能充无受尔汝之实，无所往而不为义也。"

孟子亦有单说仁的地方，如仁、不仁、仁政、仁心、仁闻等。亦有并说仁义礼智的地方，如恻隐、羞恶、辞让、是非等。不过兼说仁义的地方比较的多些。《中庸》说："仁者人也，亲亲为大；义者宜也，尊贤为大。"可见孟子说仁义，亦是依据子思《中庸》而来的。

（二）性善说

孔子说："性相近也，习相远也。"是孔子但说性近，并未明说过性的善恶。不过《易·系辞》上曾说过"一阴一阳之谓道，继之者善也，成之者性也。"因此亦有人说孔子是讲性善的。亦有人说《易·系辞》非孔子所作的。《中庸》说"天命之谓性，率性之谓道，修道之谓教"，因此亦有人说子思是说性善的。孟子的学问从子思得来，所以孟子亦说性善。现列举出来。

> 孟子道性善，言必称尧舜。
>
> 孟子曰：人皆有不忍人之心。……今人乍见孺子将入于井，皆有怵惕恻隐之心，非所以内交于孺子之父母也，非所以要誉于乡党朋友也，非恶其声而然也。由是观之，无恻隐之心非人也，无羞恶之心非人也，无辞让之心非人也，无是非之心非人也。恻隐之心，仁之端也，羞恶之心，义之端也，辞让之心，礼之端也，是非之心，智之端也。
>
> 告子曰：性犹杞柳也……（已见前）
>
> 告子曰："性犹湍水也，决诸东方则东流，决诸西方则西流，人性之无分于善不善也，犹水之无分于东西也。"孟子曰："水信无分于东西，无分于上下乎？人性之善也，犹水之就下也，人无有不善，水无有不下。今夫水，搏而跃之，可使过颡，激而行之，可使在山，是岂水之性哉？其势则然也。人之可使为不善，其性亦犹是也。"
>
> 告子曰："生之谓性。"孟子曰："生之谓性也，犹白之谓白与？"曰："然。""白羽之白，犹白雪之白，白雪之白，犹白玉之白与？"曰："然。"然则"犬之性，犹牛之性，牛之性，犹人之性与？"
>
> 告子曰："食色性也。仁内也，非外也；义外也，非内也。"……曰："耆秦人之炙，无以异于耆吾炙，夫物则亦有然者也；然则耆炙亦有外与？"
>
> 公都子曰："告子曰：'性无善无不善也。'或曰：'性可以为善，可以为不善，是故文武兴则民好善，幽厉兴则民好暴。'或曰：'有性善有性不善，是故以尧为君而有象，以瞽瞍为父而有舜，以纣为兄之子且以为君，而有微子启王子比干。'今曰性善，然则彼皆非与？"
>
> 孟子曰："乃若其情，则可以为善矣，乃所谓善也。若夫为不善，非

才之罪也。恻隐之心人皆有之，羞恶之心人皆有之，恭敬之心人皆有之，是非之心人皆有之，恻隐之心仁也，羞恶之心义也，恭敬之心礼也，是非之心智也，仁义礼智，非由外铄我也，我固有之也，弗思耳矣。故曰：求则得之，舍则失之，或相倍蓰而无算者，不能尽其才者也。"

孟子曰："牛山之木尝美矣，以其郊于大国也，斧斤伐之，可以为美乎？是其日夜之所息，雨露之所润，非无萌蘖之生焉，牛羊又从而牧之，是以若彼濯濯也，人见其濯濯也，以为未尝有材焉，是岂山之性也哉？虽存乎人者，岂无仁义之心哉？其所以放其良心者，亦犹斧斤之于木也，旦旦而伐之，可以为美乎？其日夜之所息，平旦之气，其好恶与人相近也者几希，则其旦昼之所为，有梏亡之矣。梏之反复，则其夜气不足以存，夜气不足以存，则其违禽兽不远矣，人见其禽兽也，而以为未尝有才焉者，是岂人之情也哉？"

口之于味也，有同嗜焉，耳之于声也，有同听焉，目之于色也，有同美焉，至于心独无所同然乎？心之所同然者何也？谓理也，义也，圣人先得我心之所同然耳；故理义之悦我心，犹刍豢之悦我口。

孟子曰：人之所不学而能者，其良能也；所不虑而知者，其良知也。孩提之童，无不知爱其亲也，及其长也，无不知敬其兄也。亲亲仁也，敬长义也，无他达之天下也。

孟子说性善，是极端的，是绝对的，是彻头彻尾的。虽不免有过火的地方，但他的流弊，确较他说少些。

（三）王道说

孔子的政治学说，总不外乎"为政以德""道之以德"的口气。后曾子作《大学》，他的八条目，格物、致知、诚意、正心、修身、齐家以外，就是治国、平天下。子思作《中庸》，载"凡为天下国家有九经"，就是"修身、尊贤、亲亲、敬大臣、体群臣、子庶民、来百工、柔远人、怀诸侯"。照韩愈"子思之学盖出曾子"一句话看来，确有一点渊源。到了孟子时候，那末照《史记》说"孟轲受业子思之门人"一句话看来，他的说王道，亦是不足为奇的。现列举出来。

不违农时，谷不可胜食也；数罟不入洿池，鱼鳖不可胜食也；斧斤以时入山林，材木不可胜用也；谷与鱼鳖不可胜食，材木不可胜用，是使民养生丧死无憾也；养生丧死无憾，王道之始也。五亩之宅，树之以桑，五十者可以衣帛矣；鸡豚狗彘之畜，无失其时，七十者可以食肉矣；百亩之田，勿夺其时，数口之家可以无饥矣；谨庠序之教，申之以孝悌之义，颁白者不负戴于道路矣；七十者衣帛食肉，黎民不饥不寒，然而不王者，未之有也。

王如施仁政于民，省刑罚，薄税敛，深耕易耨，壮者以暇日，修其孝、悌、忠、信，入以事其父兄，出以事其长上，可使制梃以挞秦楚之坚甲利兵矣。

今王发政施仁，使天下仕者皆欲立于王之朝，耕者皆欲耕于王之野，商贾皆欲藏于王之市，行旅皆欲出于王之涂，天下之欲疾其君者，皆欲赴愬于王，其若是，孰能御之。

乐民之乐者，民亦乐其乐，忧民之忧者，民亦忧其忧，乐以天下，忧以天下，然而不王者，未之有也。

昔者文王之治岐也，耕者九一，仕者世禄，关市讥而不征，泽梁无禁，罪人不孥；老而无妻曰鳏，老而无夫曰寡，老而无子曰独，幼而无父曰孤，此四者天下之穷民而无告者，文王发政施仁，必先斯四者。

以力假仁者霸，霸必有大国；以德行仁者王，王不待大；汤以七十里，文王以百里。以力服人者，非心服也，力不赡也；以德服人者，中心悦而诚服也，如七十子之服孔子也。

尊贤使能，俊杰在位，则天下之士，皆悦而愿立于其朝矣。市廛而不征，法而不廛，则天下之商，皆悦而愿藏于其市矣。关讥而不征，则天下之旅，皆悦而愿出于其路矣。耕者助而不税，则天下之农，皆悦而愿耕于其野矣。廛无夫里之布，则天下之民，皆悦而愿为之氓矣。信能行此五者，则邻国之民，仰之若父母矣。率其子弟，攻其父母，自生民以来，未有能济者也。如此则无敌于天下，无敌于天下者，天吏也；然而不王者，未之有也。

先王有不忍人之心，斯有不忍人之政矣，以不忍人之心，行不忍人之政，治天下可运之掌上。

域民不以封疆之界，固国不以山溪之险，威天下不以兵革之利，得道者多助，失道者寡助，寡助之至，亲戚畔之，多助之至，天下顺之。以天下之所顺，攻亲戚之所畔，故君子有不战，战必胜矣。

得天下有道，得其民，斯得天下矣；得其民有道，得其心，斯得民矣；得其心有道，所欲与之聚之，所恶勿施尔也。民之归仁也，犹水之就下，兽之走圹也。

诸侯有行文王之政者，七年之内，必为政于天下矣。

思天下之民，匹夫匹妇有不被尧舜之泽者，若己推而纳之沟中，其自任以天下之重如此。

以佚道使民，虽劳不怨；以生道杀民，虽死不怨杀者。

霸者之民，欢虞如也；王者之民，皞皞如也。杀之而不怨，利之而不庸，民日迁善而不知为之者，夫君子所过者化，所存者神，上下与天地同流，岂曰小补之哉？

仁言不如仁政之入人深也，善政不如善教之得民也。善政民畏之，善教民爱之，善政得民财，善教得民心。

易其田畴，薄其税敛，民可使富也。食之以时，用之以礼，财不可胜用也。

民为贵，社稷次之，君为轻。

以上为孟子的王道说。后来讲王道的人，确没有能实行其说的，不过利用他罢了。此外还有孟子的知言养气说，确是孟子一生用力的地方，后宋文天祥把这浩然之气和天地正气日星河岳并论，可不伟大么！

第四节　荀子

《史记》说："荀卿赵人，年五十，始来游学于齐。驺衍之术，迂大而闳辩，奭也文具难施，淳于髡久与处，时有得善言。故齐人颂曰：'谈天衍，雕龙奭，炙毂过髡。'田骈之属皆已死，齐襄王时，而荀卿最为老师；齐尚修列大夫之缺，而荀卿三为祭酒焉。齐人或谗荀卿，荀卿乃适楚，而春申君以为兰陵令；春申君死，而荀卿废，因家兰陵。李斯尝为弟子，已而相秦。荀卿嫉浊世之政，亡国乱君相属，不遂大道，而营于巫祝，信机祥，鄙儒小拘，如庄周等又滑稽乱俗；于是推儒墨道德之行事兴坏，序列著数万言而卒，因葬兰陵。"据《困学纪闻》说：兰陵属于汉的东海郡，就是现今的沂州承县的南兰陵，并非楚的兰陵，魏的《地形志》：兰陵郡兰陵县有荀卿冢。有人告春申君说："汤以七十里，文王以百里，荀卿为贤者，今以百里之地与之，楚其危哉？"春申君就谢绝荀卿，荀卿就到赵国，某客告春申君说："伊尹去夏而入殷，殷王而夏亡；管仲去鲁而入齐，齐强而鲁弱；故贤者之所在，君尊国安，今孙卿天下之贤人也，去其所，国其不安乎？"后来荀卿往见秦昭王，说以礼义之治，王不能用；乃退述仲尼之意，论礼义之治，卑五霸之业，阐明微理，觑破巫咒，排击墨子的尚俭非乐，著书数万言，为兰陵令而死。现将荀子的学说列举出来。

（一）性恶说

荀子说性恶，和孟子说性善，均是极端的，绝对的；比较西洋理学家卢骚（Rousseau）主张性善，霍布士（Hobbes）主张性恶，说理更能畅达。这就是东洋理学史胜过西洋理学史的地方。而荀子的性恶说是怎样呢？荀子说：

> 人之性恶，其善者伪也。今人之性，生而有好利焉，顺是故争夺生而辞让亡焉；生而有疾恶焉，顺是故残贼生而忠信亡焉；生而有耳目之欲有好声色焉，顺是故淫乱生而礼义文理亡焉；然则从人之性，顺人之情，必出于争夺，合于犯分乱理而归于暴；故必将有师法之化，礼义之道，然后出于辞让合于文理而归于治。用此观之，然则人之性恶明矣，其善者伪也。故枸木必将待檃栝烝矫然后直，钝金必将待砻厉然后利，今人之性恶，必将待师法然后正，得礼义然后治。今人无师法则偏险而不正，无礼义则悖乱而不治；古者圣王以人之性恶，以为偏险而不正，悖乱而不治，是以为之起礼义，制法度，以矫饰人之情性而正之，以扰化人之情性而导之也，始皆出

子治，合於道者也。今之人化师法积文学道礼义者为君子，纵性情安恣睢而违礼义者为小人；用此观之，然则人之性恶明矣，其善者伪也。

其非孟子性善说曰："孟子曰：人之学者其性善。曰：是不然，是不及知人之性，而不察乎人之性伪之分者也。凡性者天之就也，不可学，不可事；礼义者，圣人之所生也，人之所学而能，所事而成者也；不可学、不可事而在人者谓之性，可学而能、可事而成之在人者谓之伪；是性伪之分也。今人之性，目可以见，耳可以听，夫可以见之明不离目，可以听之聪不离耳，目明而耳聪，不可学明矣。孟子曰：今人之性善，将皆失丧其性故也。曰：若是则过矣，今人之性，生而离其朴，离其资，必失而丧之；用此观之，然则人之性恶明矣。所谓性善者，不离其朴而美之，不离其资而利之也；使夫资朴之于美，心意之于善，若夫可以见之明不离目，可以听之聪不离耳，故曰：目明而耳聪也。今人之性，饥而欲饱，寒而欲暖，劳而欲休，此人之情性也。今人饥见长而不敢先食者，将有所让也；劳而不敢求息者，将有所代也；夫子之让乎父，弟之让乎兄，子之代乎父，弟之代乎兄，此二行者皆反于性而悖于情也，然而孝子之道，礼义之文理也；故顺情性则不辞让矣，辞让则悖于情性矣；用此观之，然则人之性恶明矣，其善者伪也。"

问者曰："人之性恶，则礼义恶生？"应之曰："凡礼义者，皆生于圣人之伪，非故生于人之性也。故陶人埏埴而为器，然则器生于工人之伪，非故生于人之性也。故工人斫木而为器，然则器生于工人之伪，非故生于人之性也。圣人积思虑习伪，故以生礼义而起法度，然则礼义法度者，是生于圣人之伪，非故生于人之性也。"

夫圣人之于礼义也，譬亦陶埏而生之也，然则礼义积伪者，岂人之本性也哉？凡人之性者，尧舜之与桀跖也，其性一也，今将以礼义积伪为人之性耶？然则曷贵有尧禹？曷贵君子矣哉？凡所贵尧禹君子者，能化性，能起伪，伪起而生礼义，然则圣人之于礼义，积伪也，亦犹陶埏而生之也。

圣人之所以同于众，其不异于众者，性也；所以异而过众者，伪也。

古者圣人以人之性恶，以为偏险而不正，悖乱而不治，故为之立君上之势以临之，明礼义以化之，起法正以治之，重刑罚以禁之，使天下皆出于治，合于善也，是圣人之治，而礼义之化也。今当试去君上之势，无礼义之化，去法正之治，无刑罚之禁，倚而观天下人民之相与也，若是则夫强者害弱而夺之，众者暴寡而哗之，天下之悖乱而相亡不待顷矣。

今使涂之人伏术为学，专心一志，思索熟察，加日县久，积善而不息，则通于神明，参于天地矣。故圣人者，人之所积而致也。曰：圣可积而致，然而皆不可积，何也？曰：可以而不可使也。故小人可以为君子，而不肯为君子，君子可以为小人，而不肯为小人，小人君子者，未尝不可以相为也，然而不相为者，可以而不可使也；故涂之人可以为禹则然，涂之人能为禹未必然也。

荀子所说的伪字，就是人为的解释，就是自然的反面。他的主张，就是道德人为说，所以专讲性恶。和孟子主张道德先天说，专讲性善的完全不同。因孟子的立脚点为直觉观，荀子的立脚点为经验观。所以荀子亦说："孟子性善说无辨合符验，未能坐言起行。"就可看见一斑了。

（二）礼乐说

荀子亦为儒家，当然看重礼乐。不过他的主张是性恶，事之属于人为的，所以他的礼乐说亦是属于人为的。现列举出来。

礼起于何也？曰：人生而有欲，欲而不得，则不能无求，求而无度量分界，则不能不争，争则乱，乱则穷，先王恶其乱也，故制礼义以分之，以养人之欲，给人之求，使欲必不穷乎物，物必不屈乎欲，两者相持而长，是礼之所起也。

礼者，治辨之极也，强国之本也，威行之道也，功名之总也；王公由之所以得天下也，不由所以陨社稷也。故坚甲利兵不足以为胜，高城深池不足以为固，严令繁刑不足以为威，由其道则行，不由其道则废。

礼有三本，天地者生之本也，先祖者类之本也，君师者治之本也；无天地恶生？无先祖恶出？无君师恶治？三者偏亡焉无安人。

故礼上事天，下事地，尊先祖而隆君师，是礼之三本也。

礼者谨于治生死者也，生，人之始也，死，人之终也，终始俱善，人道毕矣。故君子敬始而慎终，终始如一，是君子之道，礼义之文也。夫厚其生而薄其死，是敬其有知而慢其无知也，是奸人之道而倍叛之心也，君子以倍叛之心接臧获，犹且羞之，而况以事其所隆亲乎！

我以墨子之非乐也，则使天下乱，墨子之节用也，则使天下贫，非将墯也，说不免焉。墨子大有天下，小有一国，将蘦然衣粗食恶忧戚而非乐；若是则瘠，瘠则不足欲，不足欲则赏不行。墨子大有天下，小有一国，将少人徒，省官职，上功劳苦与百姓均事业，齐功劳；若是则不威，不威则赏罚不行。

乐者，乐也，人情之所必不免也，故人不能无乐，乐则必发于声音，形于动静，而人之道，声音动静，性术之变尽是矣，故人不能不乐，乐则不能无形，形而不为道则不能无乱，先王恶其乱也，故制雅颂之声以道之，使其声足以乐而不流，使其文足以辨而不諰，使其曲直繁省廉肉节奏足以感动人之善心，使夫邪污之气无由得接焉，是先王立乐之方也。

乐行而志清，礼修而行成，耳目聪明，血气和平，移风易俗，天下皆宁，莫善于乐。故曰：乐者乐也，君子乐得其道，小人乐得其欲，以道制欲则乐而不乱，以欲忘道则惑而不乐；故乐者所以导乐也，金石丝竹者所以导乐也，乐行而民乡方矣。故乐者治人之盛者也。

荀子所说礼乐的功用，与儒家本无二致，不过他的主张是人性恶，所以礼乐皆成为伪的，那末古人把礼当为自然之节文仪则，把乐当为自然之音响节奏，从荀子看来，那都不成话了。

（三）非十二子说

荀子颇推重子弓，把他和仲尼并称，那末荀学或和仲弓有一点渊源。他的《非十二子篇》确有见解，不过对于子思、孟子，好像苛刻些？现特载下来。

纵情性，安恣睢，禽兽之行，不足以合文通治，然而其持之有故，其言之成理，足以欺惑愚众，是它嚣、魏牟也。忍情性，綦谿利跂，苟以分异人为高，不足以合大众，明大分，然而其持之有故，其言之成理，足以欺惑愚众，是陈仲、史鳝也。不知壹天下，建国家之权称，上功用，大俭约，而僈差等，曾不足以容辨异，县君臣，然而其持之有故，其言之成理，足以欺惑愚众，是墨翟、宋钘也。尚法而无法，下修而好作，上则取听于上，下则取从于俗，终日言成文典，及纠察之，则倜然无所归宿，不可以经国定分，然而其持之有故，其言之成理，足以欺惑愚众，是慎到、田骈也。不法先王，不是礼义，而好治怪说，玩琦辞，甚察而不惠，辨而无用，多事而寡功，不可以为治纲纪，然而其持之有故，其言之成理，足以欺惑愚众，是惠施、邓析也。略法先王而不知其统，犹然而材剧志大，闻见杂博，案往旧造说，谓之五行，甚僻违而无类，幽隐而无说，闭约而无解，案饰其说而祇敬之曰，此真先君子之言也，子思唱之，孟轲和之，世俗之沟犹瞀儒，嚾嚾然不知其所非也，遂受而传之，以为仲尼、子游，为兹厚于后世，是则子思、孟轲之罪也。

宋苏东坡说得好："昔者常怪李斯事荀卿，既而焚灭其书，大变古先圣王之法，于其师之道不啻若寇仇，及今观荀卿之书，然后知李斯之所以事秦者，皆出于荀卿而不足怪也。荀卿者喜为异说而不让，敢为高论而不顾者也，其言愚人之所惊，小人之所喜也；子思、孟轲，世之所谓贤人君子也，荀卿独曰：'乱天下者子思、孟轲也。'天下之人如此其众也，仁人义士如此其多也，荀卿独曰：'人性恶，桀纣性也，尧舜伪也。'由是观之，意其为人，必也刚愎不逊，而自许太过；彼李斯者，又特甚者耳。……彼见其师历诋天下之贤人，自是其愚，以为古先圣王皆无足法者；不知荀卿特以快一时之论，而荀卿亦不知其祸之至于此也。其父杀人报仇，其子必且行劫。荀卿明王道，述礼乐，而李斯以其学乱天下，其高谈异论有以激之也。"现在就把苏东坡的议论，做一个结束罢。

第四章

道　家

第一节　老子

老子，姓李，名耳，又名聃，字伯阳，一说名重耳，又名推，字伯宗，又一说名志，字伯光，据《史记》，为楚苦县人。据《索隐》，苦县本属陈，春秋时楚灭陈，遂属楚，《括地志》说："苦县在亳州谷阳县界，有老子宅及庙，庙内有九井，今尚存在。"他做周朝守藏史的官，就是现今国立图书馆馆长，孔子曾经见过他的。《史记》说："适周问礼于老子。"这话颇有根据。如庄子《南华经》所载老、孔问答，和《戴记·曾子问》"吾闻之老聃云"皆是。老子见周道日衰，乃西出关，关令尹喜强他著书，遂著《道德经》五千言。《道德经》共上下二卷，从思想上讲，很和汉以前人的思想相合，称为古书，本无可疑。从文字上讲，古书往往叶韵，亦无可疑。不过他书中有仁义文字，所以后人疑为孟子以后之书。但是这并非确证，因天地仁义道德等，为矛盾的相对立之两个概念，就是老子的根本思想。所以韩非有解老喻老，汉初如盖公曹参等，皆尊重老子，实行他的主义。所以老子《道德经》确可信为古书。不过全部书是否出于同一之手，那末不能不有疑问了。

《汉书·艺文志》说："道家源出史官。"老子本为史官，他的渊源当然不差了。不过古时书籍除官家记载外，民间无从观览的，所以后人说百家多出于老子，得道家玄虚一派的，就是名家、阴阳家和后世清谈家、神仙符箓家。得道家践实一派的，就是儒家。得老子刻忍一派的，就是法家。得老子阴谋一派的，就是兵家和纵横家。得道家慈俭一派的，就是墨家。得道家齐万物、平贵贱一派的，就是农家。得道家寓言一派的，就是小说家。传受道家非纯粹的学说和诸家杂说的，就是杂家。这话不尽可靠的，因道家并非万能，不能说为了道家源出史官，诸子百家都被他包括无遗了。现将老子的学说列举出来。

（一）道说

《孟子》说："夫道若大路然。"韩子说："由是而之焉之谓道。"朱子说："道犹路也。"他们的意思，就是说人类对于一切日用事务，都有当行的路程。不过老子所讲的道，却不是这样的，他是说宇宙的本体。上古时代有以水为万物本体，有以火为万物本体的，这叫做一元论。有以金木水火土五行为万物本体的，有以地水火风四大为本体的，这叫做多元论。那老子独以道为本体，究竟是一件什么东西，说它既然不是当行的路程，那么说它是神秘的宗教罢，他说：道"先天地生""象帝之先"，"是谓天地根"，这明明是说"道"是超乎天地的。一切宗教中什么上帝、天主、神造等说，都在下风。他说道：

> 道冲而用之或不盈，渊兮似万物之宗；挫其锐，解其纷，和其光，同其尘，湛兮似或存，吾不知谁之子，象帝之先。
>
> 谷神不死，是谓玄牝，玄牝之门，是谓天地根。绵绵若存，用之不勤。
>
> 视之不见名曰夷，听之不闻名曰希，搏之不得名曰微，此三者不可致诘，故混而为一。其上不皦，其下不昧，绳绳不可名，复归于无物，是谓无状之状，无物之象，是谓惚恍。迎之不见其首，随之不见其后，执古之道以御今之有，能知古始，是谓道纪。

孔德之容，惟道是从，道之为物，惟恍惟惚，惚兮恍兮，其中有象；恍兮惚兮，其中有物；窈兮冥兮，其中有精；其精甚真，其中有信；自古及今，其名不去，以阅众甫，吾何以知众甫之状哉？以此。

有物混成，先天地生，寂兮寥兮，独立不改，周行而不殆，可以为天下母，吾不知其名，字之曰道；强为之名曰大，大曰逝，逝曰远，远曰反；故道大天大地大王亦大，域中有四大，而王居其一焉；人法地，地法天，天法道，道法自然。

照老子的意思，道还在天的上面。除了上述"象帝之先""先天地生""是谓天地根"以外，又说"天法道"。不过道究竟是一件什么东西，那么照"道法自然"一句话看起来，道就是自然。并非道以外又有自然，自然本无一定的形象，亦无一定的名称，所以老子又说：

道可道，非常道。名可名，非常名。无名天地之始，有名万物之母。故常无欲以观其妙，常有欲以观其徼。此两者同出而异名，同谓之玄；玄之又玄，众妙之门。

天下皆知美之为美，斯恶已。皆知善之为善，斯不善已。故有无相生，难易相成，长短相较，高下相倾，音声相和，前后相随。是以圣人处无为之事，行不言之教，万物作焉而不辞，生而不有，为而不恃，功成而弗居。夫唯弗居，是以不去。

道常无为而无不为。侯王若能守之，万物将自化，化而欲作，吾将镇之以无名之朴，无名之朴亦将不欲，不欲以静，天下将自定。

上德不德，是以有德。下德不失德，是以无德。

知者不言，言者不知，塞其兑，闭其门，挫其锐，解其纷，和其光，同其尘，是谓玄同。

道生一，一生二，二生三，三生万物。

道生之，德畜之，物形之，势成之，是以万物莫不尊道而贵德。道之尊，德之贵，夫莫之命而常自然。故道生之，德畜之，长之育之，亭之毒之，养之覆之，生而不有，为而不恃，长而不宰，是谓玄德。

天地之间，其犹橐籥乎？虚而不屈，动而愈出。

天长地久，天地所以能长且久者，以其不自生，故能长生。

天下万物生于有，有生于无。

以上所说"道非道""名非名""美斯恶""善斯不善""无为无不为""上德不德""知者不言""生不有""为不恃""长不宰""虚不屈""不生故长生""道生万物""万物生于无"等话，就是说宇宙的本体无一定的形象和名称，就叫做自然。

（二）修为说

老子以人生为一小宇宙，所以欲将人生和宇宙的本体合归于一，就是与道同流。他说道：

昔之得一者，天得一以清，地得一以宁，神得一以灵，谷得一以盈，万物得一以生，侯王得一以为天下贞。

一就是道，就是自然。无论天地神谷万物侯王必须得一。他又说道：

持而盈之，不如其已，揣而棁之，不可长保，金玉满堂，莫之能守，富贵而骄，自遗其咎，功遂身退，天之道。

三十辐共一毂，当其无，有车之用；埏埴以为器，当其无，有器之用；凿户牖以为室，当其无，有室之用；故有之以为利，无之以为用。

曲则全，枉则直，洼则盈，敝则新，少则得，多则惑，是以圣人抱一为天下式。

不自见故明，不自是故彰，不自伐故有功，不自矜故长，夫唯不争，故天下莫能与之争。古之所谓曲则全者，岂虚言哉？诚全而归之。

飘风不终朝，骤雨不终日，孰为此者天地；天地尚不能久，而况于人乎？

知足不辱，知止不殆，可以长久。

为无为，事无事，味无味，大小多少，报怨以德。图难于其易，为大于其细，天下难事必作于易，天下大事必作于细，是以圣人终不为大，故能成其大。夫轻诺必寡信，多易必多难，是以圣人犹难之。

我有三宝，持而保之，一曰慈，二曰俭，三曰不敢为天下先。慈故能勇，俭故能广，不敢为天下先故能成器长，今舍慈且勇，舍俭且广，舍后且先，死矣。

他所说做人之道，总不外乎虚、无、空、谦、退、后种种，然最重要的就是柔。所以他又说道：

上善若水，水善利万物而不争。处众人之所恶，故几于道。

天下之至柔，驰骋天下之至坚。无有入无间，吾是以知无为之有益。不言之教，无为之益，天下希及之。

江海所以能为百谷王者，以其善下之，故能为百谷王。

人之生也柔弱，其死也坚强；万物草木之生也柔脆，其死也枯槁；故坚强者死之徒，柔弱者生之徒。

天下莫柔弱于水，而攻坚强者莫之能胜，以其无以易之。弱之胜强，柔之胜刚，天下莫不知，莫能行。

柔应该学水，水能下，能不争，能攻坚强。此外还应该学婴儿，他说道：

专气致柔，能婴儿乎？

知其雄，守其雌，为天下溪。为天下溪，常德不离，复归于婴儿。

我独泊兮其未兆，如婴儿之未孩。

圣人在天下，歙歙为天下浑其心，圣人皆孩之。

含德之厚，比于赤子。蜂虿虺蛇不螫，猛兽不据，攫鸟不搏。骨弱筋柔而握固，未知牝牡之合而全作，精之至也。终日号而不嗄，和之至也。

孟子说得好，"大人者，不失其赤子之心者也"，和老子的言论很相同。不过孟子注重的是赤子的心诚一无伪，老子注重的是婴儿的德，柔、厚、精、和。不过老子亦有主张诚一无伪的地方，就是注重自然，反对人为。他说道：

> 五色令人目盲，五音令人耳聋，五味令人口爽，驰骋畋猎令人心发狂。
>
> 大道废有仁义，慧智出有大伪，六亲不和有孝慈，国家昏乱有忠臣。
>
> 绝圣弃智，民利百倍，绝仁弃义，民复孝慈，绝巧弃利，盗贼无有。

自然就是诚，人为就是伪。后来庄子的主张更激烈，他的《胠箧篇》说："圣人已死，大盗不起，圣人不死，大盗不止。……窃钩者诛，窃国者为诸侯，诸侯之门而仁义存焉。……故绝圣弃知，大盗乃止，擿玉毁珠，小盗不起。焚符破玺，而民朴鄙，掊斗折衡，而民不争。"这就是老子所遗传下来的。

（三）政治说

老子的政治说，也是注重大道。大道就是自然，自然就是无为。孔子赞尧说："荡荡乎，民无能名焉。"又说："无为而治者，其舜也与？"可见儒家也注重自然，注重无为。老子说：

> 治大国若烹小鲜，以道莅天下，其鬼不神；非其鬼不神，其神不伤人；非其神不伤人，圣人亦不伤人；夫两不相伤，故德交归焉。
>
> 古之善为道者，非以明民，将以愚之。民之难治，以其智多，故以智治国，国之贼；不以智治国，国之福。
>
> 民不畏死，奈何以死惧之。
>
> 民之饥，以其上食税之多，是以饥；民之难治，以其上之有为，是以难治；民之轻死，以其上求生之厚，是以轻死。
>
> 小国寡民，使有什伯之器而不用，使民重死而不远徙，虽有舟舆无所乘之，虽有甲兵无所陈之，使人复结绳而用之，甘其食，美其服，安其居，乐其俗，邻国相望，鸡犬之声相闻，民至老死不相往来。

民多利器，国家滋昏；人多伎巧，奇物滋起；法令滋彰，盗贼多有。故圣人云：我无为而民自化，我好静而民自正，我无事而民自富，我无欲而民自朴。

老子生在周末，看见各国战争纷起，所以说道：

以道佐人主者，不以兵强天下，其事好还；师之所处，荆棘生焉；大军之后，必有凶年。

夫佳兵者不祥之器，物或恶之，故有道者不处；君子居则贵左，用兵则贵右。兵者不祥之器，非君子之器，不得已而用之；恬淡为上，胜而不美，而美之者，是乐杀人，夫乐杀人者，则不可以得志于天下矣；吉事尚左，凶事尚右，偏将军居左，上将军居右，言以丧礼处之；杀人之众以哀悲泣之，战胜以丧礼处之。

天下有道，却走马以粪；天下无道，戎马生于郊。

善为士者不武，善战者不怒，善胜敌者不与。

用兵有言，吾不敢为主而为客，不敢进寸而退尺；是谓行无行，攘无臂，扔无敌，执无兵。祸莫大于轻敌，轻敌几丧吾宝；故抗兵相加，哀者胜矣。

这与孔子的不对问陈，孟子的说仁义罢兵和不嗜杀人没有分别。总之老子主张自然，反对人为，所以他的《道德经》里面，随处可见寓意，他说得最明了的，就是"天之道其犹张弓与？高者抑之，下者举之，有余者损之，不足者补之，天之道，损有余而补不足，人之道则不然，损不足以奉有余"等话，这不是赤裸裸地说人为不如自然么？至于说到"邻国相望，鸡犬之声相闻，民至老死不相往来"，这明明是个理想的国家。老子生在周末，当然有这种理想，和孔子怀想大同世界相同。不过理想纵高，而事实却不容易见了。

第二节　杨子

杨子传不详，只能知道一点大略。从孟子的拒杨墨看来，孟子对于此事极其郑重，和洪水夷狄猛兽乱臣贼子一样看待，竟直断他们为无父无君，可见当时杨子的学说流行天下，不输墨子。虽然杨子所著的书，后世未曾传到，但是《列子》上边有《杨朱篇》。不过不是《杨子》自己所著，因中间有五常等文字，是汉儒的特产物，就是"人肖天地之类，怀五常之性，有生之最灵者也"。从此篇看来，他的年代颇不确，并且中间寓言甚多，或者管仲和晏平仲对话，或者晏平仲和邓析子对话，不是时代错误，就是荒诞不经；所以看这《杨朱篇》理论尚还适当，不过年代考证极不可靠；只有把其他参考书作为根据。查察杨子的年代，就孟孙阳和禽滑釐的问答，可以知道杨子比较墨子稍后一点。《列子》又说杨子师事老子，这说也难信的。现将杨子的大概记下来。

杨子名朱，就是孟子所说"杨朱、墨翟之言盈天下"是不错的。庄子又作阳子居，阳杨音通，子居就是朱字的反切。因为庄子、列子皆称他见老子，所以他的年代实在不容易查考。《列子·杨朱篇》虽然为后人所伪造，但是当时的思想尚能存在，只要看《孟子》《庄子》《列子》书中所散见的杨子说话，就能明白。杨子的理学思想，一方面反对儒墨的恢复道德以天下为己任，他一方面就以老庄的放任一派当他的主义，且极端的提倡快乐主义。《淮南子》说"全性保真，不以物累形，杨子之所立也"。这也是吾国理学史上所不可缺的。

（一）万物定命说

杨子以为世间一切现象，皆不能自生自灭。换句话讲，就是万物之死生存亡，都不能由自己的意思去支配他，全为天地自然所支配。他说道：

万物所异者生也，所同者死也；生则有贤愚贵贱，是所异也，死则有臭腐消灭，是所同也；虽然贤愚贵贱，非所能也，臭腐消灭，亦非所能也；故生非所生，死非所死，贤非所贤，愚非所愚，贵非所贵，贱非所贱，然而万物齐生齐死齐贤齐愚齐贵齐贱；十年亦死，百年亦死，仁圣亦死，凶愚亦死，生则尧舜，死则腐骨，生则桀纣，死则腐骨，腐骨一矣，孰知其异，且当趣生，奚遑死后。

孟孙阳问杨子曰："有人于此，贵生爱身，以蕲不死，可乎？"曰："理无不死。""以蕲久生，可乎？"曰："理无久生。生非贵之所能存，身非爱之所能厚。"

百年寿之大齐，得百年者千无一焉；设有一者，孩抱以逮昏老，几居其半矣；夜眠之所弭，昼觉之所遗，又几居其半矣；痛疾哀苦亡失忧惧，又几居其半矣；量十数年之中，逌然而自得，亡介焉之虑者，亦亡一时之中尔，则人之生也，奚为哉？奚乐哉？为美厚尔，为声色尔，而美厚复不可常厌足，声色不可常玩闻，乃复为刑赏之所禁劝，名法之所进退，遑遑尔竞一时之虚誉，规死后之余荣，偊偊尔慎耳目之观听，惜身意之是好，徒失当年之至乐，不能自肆于一时，重囚累梏，何以异哉？太古之人，知生之暂来，知死之暂往，故从心而动，不违自然所好，当身之娱非所去也，故不为名所劝；从性而游，不逆万物，所好死后之名，非所取也，故不为形所及；名誉先后年命多少，非所量也。

杨子一方面说万物定命，不能自己支配，而他方面又说自己不可失去当身之娱乐，这就是他的快乐主义。他且反对自杀。

孟孙阳曰："若然速亡愈于久生，则践锋刃，入汤火，得所志矣。"杨子曰："不然，既生则废而任之，究其所欲，以俟于死；将死则废而任之，究其所之，以放于尽；无不废，无不任，何遽迟速于其间乎？"

他且轻视丧葬的礼制，假晏平仲说：

平仲曰："既死岂在我哉？焚之亦可，沈之亦可，瘗之亦可，露之亦可，衣薪而弃诸沟壑亦可，衮衣绣裳而纳诸石椁亦可。"

他又以为人类间的竞争，不仗腕力全仗智力。说道：

> 人肖天地之类，怀五常之性，有生之最灵者也。人者爪牙不足以供守卫，肌肤不足以自捍御，趋走不足以逃利害，无毛羽以御寒暑，必将资物以为养性，任智而不恃力。故智之所贵，存我为贵；力之所贱，侵物为贼。

他又以为寿名位货婚宦君臣忠义等，皆可以累及人生的至乐。说道：

> 生民之不得休息为四事，故一为寿，二为名，三为位，四为货，有此四者，畏鬼畏人畏威畏刑，此之谓遁人也；可杀可活，制命在外，不逆命，何羡寿？不矜贵，何羡名？不要势，何羡位？不贪富，何羡货？此之谓顺民也。天下无对，制命在内，故语有之曰：人不婚宦，情欲失半。人不衣食，君臣道息。
>
> 丰屋美服厚味姣色，有此四者，何求于外；有此而求外者，无厌之性；无厌之性，阴阳之蠹也；忠不足以安君，适足以危身；义不足以利物，适足以害生；安上不由于忠而忠名灭焉，利物不由于义而义名绝焉；君臣皆安，物我兼利，古之道也。

（二）处世说

杨子一方面取快乐主义，他方面对于人类的竞争侵害颇轻视。所以他的快乐主义，在范围以内放纵自己的快乐，而不妨害他人。怎样放纵自己的快乐，就是放纵自己之欲。他假管仲和晏平仲的问答：

> 晏平仲问养生于管夷吾，管夷吾曰："肆之而已，勿壅勿阏。"晏平仲曰："其目奈何？"夷吾曰："恣耳之所欲听，恣目之所欲视，恣鼻之所欲向，恣口之所欲言，恣体之所欲安，恣意之所欲行。夫耳

之所欲闻者音声，而不得听，谓之阏聪；目之所欲见者美色，而不得视，谓之阏明；鼻之所欲向者椒兰，而不得嗅，谓之阏颤；口之所欲道者是非，而不得言，谓之阏智；体之所欲安者美厚，而不得从，谓之阏适；意之所欲为者放逸，而不得行，谓之阏往；凡此诸阏，废虐之主，去废虐之主，熙熙然以俟死，一日一月，一年十年，吾所谓养；拘此废虐之主，录而不舍，戚戚然以至久生，百年千年万年，非吾所谓养。"

他又说：

原宪窭于鲁，子贡殖于卫，原宪之窭损生，子贡之殖累身，然则窭亦不可，殖亦不可，其可焉在？曰："可在乐生，可在逸身；故善乐生者不窭，善逸身者不殖。"

他的处世之道，孟子曾说过："杨子取为我，拔一毛而利天下，不为也。"又《列子·杨朱篇》载：

杨朱曰："伯成子高不以一毫利物，舍国而隐耕；大禹不以一身自利一体偏枯，古之人损一毫利天下不与也，悉天下奉一身不取也；人人不损一毫，人人不利天下，天下治矣。"禽子问杨朱曰："去子体之一毛以济一世，汝为之乎？"杨子曰："世固非一毛之所济。"禽子曰："假济，为之乎？"杨子弗应，禽子出语孟孙阳，孟孙阳曰："子不达夫子之心，吾请言之，有侵若肌肤获万金者，若为之乎？"曰："为之。"孟孙阳曰："有断若一节得一国，子为之乎？"禽子默然有间，孟孙阳曰："一毛微于肌肤，肌肤微于一节，省矣；然则积一毛以成肌肤，积肌肤以成一节，一毛固一体万分中之一物，奈何轻之乎？"禽子曰："吾不能所以答子，然则以子之言问老聃、关尹，则子言当矣。以吾言问大禹、墨翟，则吾言当矣。"孟孙阳因顾与其徒说他事。

他又主张求学问的人，应该务本舍末，归同反一。《列子·说符篇》载：

心都子与孟孙阳偕入而问曰："昔有昆弟三人，游齐鲁之间，同师而学，进仁义之道而归。其父曰：'仁义之道若何？'伯曰：'仁义使我爱身而后名。'仲曰：'仁义使我杀身以成名。'叔曰：'仁义使我身名并全。'彼三术相反，而同出于儒，孰是孰非耶？"杨子曰："人有滨河而居者，习于水，勇于泅，操舟鬻渡，利供百口，裹粮就学者成徒，而溺死者几半。本学泅，不学溺，而利害如此。若以为孰是孰非？"心都子嘿然出。

从这一段书看来，杨子确和老、庄、列接近，和儒家格格不相入，可见孟子视若洪水猛兽信非无因。

第三节　列子

列子名御寇，郑国人，《史记》无传。照《列子·说符篇》郑子阳令官遗粟一段看来，子阳在郑缪公二十五年死，当孔子死后七十六年，遗粟事当再在前四五年，时列子年尚壮，不及见孔子老子，到孟子生时，列子已死去十余年，可见列子已不及和孟子庄子等相见。列子的书说列子师老商子，又说师关尹，并未说师过老子。又庄子的书虽有记列子的事，但列子并未和庄子会谈过，可见庄子生时已不及见列子，那末他的年代约略可知了。

《列子·说符篇》载："子列子穷，容貌有饥色，客有言之郑子阳者，曰：'列御寇盖有道之士也，居君之国而穷，君无乃为不好士乎？'郑子阳即令官遗之粟，子列子出见使者，再拜而辞，使者去，子列子入，其妻望之而拊心曰：'妾闻为有道者之妻子，皆得佚乐，今有饥色，君遇而遗先生食，先生不受，岂不命也哉！'子列子笑谓之曰：'君非自知我也，以人之言而遗我粟，至其罪我也又且以人之言，此吾所以不受也。'其卒，民果作难而杀子阳。"又《天瑞篇》载："子列子居郑国四十年，人无识者，国君卿大夫视之犹众庶也，国不足，将嫁于卫。"以后列子怎样结果，竟无从查考。

现今所传《列子》八篇，并非他的手笔。（一）时代错误的记事极多，如公孙龙为列子以后的人，今亦记录。（二）仁义之字亦多，如"宋人有好行仁义者""鲁之君臣日失其序，仁义益衰""事之破砶而后有舞仁义者，弗能复也"。（三）《杨朱》一篇，和《列子》毫无干系，不应列入。（四）有许多文已见《庄子》，如神巫事已载《庄子·内篇》，可见《列子》为后人所撰。又《列子》载列子师关尹、壶丘子林、老商、伯昏无人，但是亦不可靠，《吕氏春秋》载"子产相郑，往见壶丘子林，与其弟子坐，必以年。"那末子林和子产同时，列子怎能师事他呢？又列子在唐时代，曾配享老子庙中，号冲虚真人，改称其书为《冲虚真经》。他的学说怎样？

（一）万物生存说

列子论自然，能生能化，就是不生不化，不生不化，就是有生有化。和佛家不生不灭，不增不减，色不异空，空不异色，色即是空，空即是色相仿。他告弟子道：

> 壶子何言哉？虽然夫子尝语伯昏瞀人，吾侧闻之，试以告女，其言曰："有生不生，有化不化，不生者能生生，不化者能化化，生者不能不生，化者不能不化，故常生常化，常生常化者，无时不生，无时不化；阴阳尔，四时尔，不生者疑独，不化者往复，其际不可终，疑独其道不可穷。黄帝书曰：'谷神不死，是谓玄牝，玄牝之门，是谓天地之根，绵绵若存，用之不勤。'故生物者不生，化物者不化，自生自化，自形自色，自智自力，自消自息，谓之生化形色智力消息者，非也。"

列子又说道本无形，并非一个实体，实在是空虚的。不过怎样能生成万物呢？他把有与无的中间设种种过程，再假定悬隔显著的二概念，使它渐渐接近。他说道：

> 昔者圣人因阴阳以统天地，夫有形者生于无形，则天地安从生？

故曰有太易，有太初，有太始，有太素；太易者未见气也，太初者气之始也，太始者形之始也，太素者质之始也；气形质具而未相离，故曰浑沦，浑沦者言万物相浑沦而未相离也。视之不见，听之不闻，循之不得，故曰易也；易无形埒，易变而为一，一变而为七，七变而为九，九变者容也，乃复变而为一；一者形变之始也，清轻者上为天，浊重者下为地，冲和气者为人，故天地含精，万物化生。

又说：

天地无全功，圣人无全能，万物无全用；故天职生覆，地职形载，圣职教化，物职所宜；然则天有所短，地有所长，圣有所否，物有所通；何则生覆者不能形载，形载者不能教化，教化者不能违所宜，宜定者不出所位；故天地之道非阴则阳，圣人之教非仁则义，万物之宜非柔则刚；此皆随所宜而不能出所位者也。故有生者，有生生者，有形者，有形形者，有声者，有声声者，有色者，有色色者，有味者，有味味者，生之所生者死矣，而生生者未尝终，形之所形者实矣，而形形者未尝有，声之所声者闻矣，而声声者未尝发，色之所色者彰矣，而色色者未尝显，味之所味者尝矣，而味味者未尝呈，皆无为之职也。能阴能阳，能柔能刚，能短能长，能圆能方，能生能死，能暑能凉，能浮能沉，能宫能商，能出能没，能玄能黄，能甘能苦，能膻能香。无知也，无能也；而无不知也，而无不能也。

（二）万物定命说

万物的生成由道支配它，非偶然的，乃必然的，这就是万物的定命。他说道：

黄帝书曰："形动不生形而生影，声动不生声而生响，无动不生无而生有，形必终者也，天地终乎？与我偕终，终进乎不止也。道终乎本无始，进乎本不久；有生则复于不生，有形则复于无形；不生者非本不生者也，无形者非本无形者也；生者理之必终者也，终者不得不终，亦如生者之不得不生；而欲恒其生，尽其终，惑于数也。精神者天之分，骨骸者地之分，属天清而散，属地浊而聚，精神离形，各归其真，故谓之鬼；鬼归也，归其真宅。"黄帝曰："精神入其门，骨骸反其根，我尚何存？"

力谓命曰："若之功奚若我哉？"命曰："汝奚功于物？而欲比朕。"力曰："寿夭穷达贵贱贫富，我力之所能也。"命曰："彭祖之智而寿八百，颜渊之才不出众人之下而寿四八，仲尼之德不出诸侯之下而困于陈蔡，殷纣之行不出三仁之上而居君位，季札无爵于吴，田恒专有齐国，夷齐饿于首阳，季氏富于展禽，奈何寿彼而夭此，穷圣而达逆，贱贤而贵愚，贫善而富恶耶？"力曰："若如若言，我固无功于物，而物若此耶？此则若之所制耶？"命曰："既谓之命，奈何有制之者耶？朕直而推之，曲而任之，自寿自夭，自穷自达，自贵自贱，自富自贫，朕岂能识之哉？朕岂能识之哉？"

可以生而生，天福也，可以死而死，天福也；可以生而不生，天罚也，可以死而不死，天罚也；可以生，可以死，得生得死有矣；不可以生，不可以死，或生或死有矣；然而生生死死，非物非我，皆命也；智之所无奈何。故曰：窈然无际，天道自会，漠然无分，天道自运；天地不能犯，圣智不能干，鬼魅不能欺；自然者，默之成之，平之宁之，将之迎之。

（三）修为说

张湛作《列子序》说道："其书大略明群有以至虚为宗，万品以终灭为验，神惠以凝寂常全，想念以著物自丧，生觉与化梦等情，巨细不限一域，穷达无假智力，治身贵于肆任，顺性则所之皆适，水火可蹈，忘怀则无幽不照，此其旨也。"这都是讲列子的修身工夫。列子曾说道：

学于夫子（老商），三年之后，心不敢念是非，口不敢言利害，始得夫子一眄而已；五年之后，心庚念是非，口庚言利害，夫子始一解颜而笑；七年之后，从心之所念，庚无是非，从口之所言，庚无利害，夫子始一引吾并席而坐；九年之后，横心之所念，横口之所言，亦不知我之是非利害欤？亦不知彼之是非利害欤？……内外进矣，而后眼如耳，耳如鼻，鼻如口，无不同也；心凝形释，骨肉都融，不觉形之所倚，足之所履，随风东西，犹木叶干壳，竟不知风乘我邪？我乘风乎？

　　列子问关尹曰："至人潜行不空，蹈火不热，行乎万物之上而不栗，请问何以至于此？"关尹曰："是纯气之守也，非智巧果敢之列。……彼将处乎不深之度，而藏乎无端之纪，游乎万物之所终始；壹其性，养其气，含其德，以通乎物之所造；夫若是者，其天守全，其神无却，物奚自入焉？夫醉者之坠于车也，虽疾不死，骨节与人同，而犯害与人异，其神全也；乘亦弗知也，坠亦弗知也，死生惊惧不入乎其胸，是故逆物而不慑；彼得全于酒而犹若是，而况得全于天乎？圣人藏于天，故物莫之能伤也。"

　　《列子》一书，颇有精采，不过有许多见于《庄子》，这就是不可靠的地方。

第四节　庄子

　　庄子为宋蒙人，蒙在河南归德府城东北，名周，周尝为蒙漆园吏。庄子和孟子同时，亦在齐宣王梁惠王时，《史记》载楚威王闻其贤，遣使厚币迎之以为相，庄周笑谓使者曰："千金重利也，卿相尊位也，子独不见郊祭之牺牛乎？养之数岁，衣以文绣，入以太庙，当是时欲为孤豚而不得。子亟去，勿污我，我宁游戏污渎之中以自快。"庄子的书在《汉书·艺文志》为五十二篇，现今所传为三十三篇；严君平作《老子指归》，引用篇目，如《阏弈》《意修》《危言》《游凫》《子胥》等，《史记列传》，如《畏累》《虚元》等，今三十三篇中皆不属；三十三篇为郭子玄所删定，内篇七篇，外篇十五篇，杂篇十一篇；内篇庄子自作，文章极奇变，用字极崭新，如怒而飞、德之和、泠然善、湿灰、杜德机、杜权、善者机、冲气机、未始出吾宗等，内篇篇名各三字，为《逍遥游》《齐物论》《养生主》《人间世》《德充符》《大宗师》《应帝王》等，乃庄子发挥自己的根本主义；外篇杂篇篇名各二字，间有三字；《井观琐言》载古史谓"《庄子·让王》《盗跖》《说剑》诸篇，皆后人搀入者，今考其文字体制信然，如《盗跖》之文，非惟不类先秦文，亦不类西汉人文字；然自太史公以前即有之，则有不可晓者。尝观其前如《马蹄》《胠箧》诸篇，文意凡近，视《逍遥游》《大宗师》诸篇殊不相侔。"又朱子说："庄子不知何所传授，却自见得道体。"而吕东莱以为庄周是田子方学派，韩退之亦有此说。但是他的思想，确是继绍老子的。

（一）道说

老子把道当作宇宙的本体看，既不是寻常的道德，亦不是神秘的宗教，庄子继续老子，亦是这样，且说得更透切。他说道：

> 道恶乎隐而有真伪，言恶乎隐而有是非；道恶乎往而不存，言恶乎存而不可；道隐于小成，言隐于荣华。
>
> 夫道未始有封，言未始有常，为是而有畛也；请言其畛，有左有右，有伦有义，有分有辩，有竞有争，此之谓八德。
>
> 夫道有情有信，无为无形，可传而不可受，可得而不可见；自本自根，未有天地，自古以固存；神鬼神帝，生天生地；在太极之先而不为高，在六极之下而不为深，先天地生而不为久，长于上古而不为老。
>
> 何谓道？有天道，有人道，无为而尊者天道也，有为而累者人道也，主者天道也，臣者人道也，天道之与人道也相去远矣，不可以不察也。
>
> 以道观言，而天下之君正，以道观分，而君臣之义明，以道观能，而天下之官治，以道泛观，而万物之应备。
>
> 夫道覆载万物者也，洋洋乎大哉，君子不可以不刳心焉。
>
> 天道运而无所积，故万物成，帝道运而无所积，故天下归，圣道运而无所积，故天下归。
>
> 东郭子问于庄子曰："所谓道恶乎在？"庄子曰："无所不在。"东郭子曰："期而后可。"庄子曰："在蝼蚁。"曰："何其下耶？"曰："在

稊稗。"曰："何其愈下耶？"曰："在瓦甓。"曰："何其愈甚耶？"曰："在屎溺。"

知谓无为谓曰："予欲有问乎，若何思何虑则知道？何处何服则安道？何从何道则得道？"三问而无为谓不答也，非不答，不知答也。知不得问，反而睹狂屈焉，知以之言也问乎狂屈，狂屈曰："唉！予知之，将语若，中欲言而忘其所欲言。"知不得问，反于帝宫，见黄帝而问焉。黄帝曰："无思无虑始知道，无处无服始安道，无从无道始得道。"知问黄帝曰："我与若知之，彼与彼不知也，其孰是邪？"黄帝曰："彼无为谓真是也，狂屈似之；我与汝终不近也。夫知者不言，言者不知，故圣人行不言之教。"

故曰：失道而后德，失德而后仁，失仁而后义，失义而后礼，礼者道之华而乱之首也。故曰：为道者日损，损之又损，以至于无为，无为而无不为也。

于是泰清问乎无穷曰："子知道乎？"无穷曰："吾不知。"又问乎无为，无为曰："吾知道。"曰："子之知道，亦有数乎？"曰："有。"曰："其数若何？"曰："吾知道之可以贵，可以贱，可以约，可以散，此吾所以知道之数也。"泰清以之言也，问乎无始曰："若是，则无穷之弗知，与无为之知，孰是而孰非乎？"无始曰："不知深矣，知之浅矣，弗知内矣，知之外矣。"于是泰清终而叹曰："弗知乃知乎？知乃不知乎？孰知不知之知。"无始曰："道不可闻，闻而非也，道不可见，见而非也，道不可言，言而非也，知形形之不形乎，道不当名。"无始曰："有问道而应之者，不知道也；虽问道者亦未闻道，道无问，问无应；无问问之，是问穷也，无应应之，是无内也；以无内待问穷，若是者，外不观乎宇宙，内不知乎太初；是以不过乎昆仑，不游乎太虚。"

庄子所说的道，就是自然，就是无为，就是道可道非常道。原来和老子是同样的。

（二）反智说

孟子说"是非之心知也"，而老子偏说"智慧出有大伪"。庄子又推阐其说，以至世间的是非、曲直、长短、大小，人生的死生、存亡、寿夭、病痛、贫富、贵贱、智愚、贤不肖，皆被一样看待，无所用其知觉和分别。这就是庄子比较老子尤甚的地方。他说道：

> 以指喻指之非指，不若以非指喻指之非指也；以马喻马之非马，不若以非马喻马之非马也；天地一指也，万物一马也。

> 天下莫大于秋毫之末，而太山为小；莫寿乎殇子，而彭祖为夭；天地与我并生，而万物与我为一。

> 民湿寝则腰疾偏死，鳅然乎哉？木处则惴栗恂惧，猨猴然乎哉？三者孰知正处？民食刍豢，麋鹿食荐，蝍且甘带，鸱鸦耆鼠，四者孰知正味？猨猵狙以为雌，麋与鹿交，鳅与鱼游，毛嫱丽姬，人之所美也，鱼见之深入，鸟见之高飞，麋鹿见之决骤，四者孰知天下之正色哉？自我观之，仁义之端，是非之涂，樊然淆乱，吾恶能知其辩？

> 予恶乎知说生之非惑耶？予恶乎知恶死之非弱丧而不知归者耶？丽之姬艾封人之子也，晋国之始得之，涕泣沾襟，及其至于王所，与王同筐床，食刍豢，而后悔其泣也。予恶乎知死者不悔其始之蕲生乎？梦饮酒者旦而哭泣，梦哭泣者旦而田猎，方其梦也，不知其梦也，梦之中又占其梦焉，觉而后知其梦也，且有大觉而后知此其大梦也。

> 既使我与若辩矣，若胜我，我不若胜，若果是也？我果非也邪？我胜若，若不吾胜，我果是也？而果非也邪？其或是也？其或非也邪？其俱是也？其俱非也邪？我与若不能相知也，则人固受其黮暗，吾谁使正之？使同乎若者正之，既与若同矣，恶能正之？使同乎我者正之，既同乎我矣，恶能正之？使异乎我与若者正之，既异乎我与若矣，恶能正之？使同乎我与若者正之，既同乎我与若矣，恶能正之？然则我与若与人俱不能相知，而待彼也邪？

> 昔者庄周梦为胡蝶，栩栩然胡蝶也，自喻适志与，不知周也；俄然觉，则蘧蘧然周也；不知周之梦为胡蝶与？胡蝶之梦为周与？周与胡蝶则必有分矣，此之谓物化。

> 吾生也有涯，而知也无涯，以有涯随无涯，殆已。已而为知者，殆而已矣。

> 适来夫子时也，适去夫子顺也，安时而处顺，哀乐不能入也，古者谓是帝之悬解。

> 指穷于为薪，火传也，不知其尽也。

死生亦大矣，而不得与之变。虽天地覆坠，亦将不与之遗。

死生存亡，穷达贫富，贤与不肖，毁誉饥渴寒暑，是事之变，命之行也；日夜相代乎前，而知不能规乎其始者也；故不足以滑和，不可入于灵府，使之和豫通而不失于兑；使日夜无却，而与物为春，是接而生时于心者也。

泉涸，鱼相与于陆，相呴以湿，相濡以沫，不如相忘于江湖。与其誉尧而非桀也，不如两忘而化其道。夫大块载我以形，劳我以生，佚我以老，息我以死，故善吾生者，乃所以善吾死也。

浸假而化予之左臂以为鸡，予因以求时夜；浸假而化予之右臂以为弹，予因以求鸮炙；浸假而化予之左尻以为轮，以神为马，予因以乘之，岂更驾哉？且夫得者时也，失者顺也，安时而处顺，哀乐不能入也，此古之所谓悬解也。

今大冶铸金，金踊跃曰："我且必为镆铘。"大冶必以为不祥之金。今一犯人之形，而曰"人耳人耳"，夫造化者必以为不祥之人。今一以天地为大炉，以造化为大冶，恶夫往而不可哉？

彼以生为附赘县疣，以死为决疨溃痈，夫若然者，又恶知死生先后之所在？假于异物，托于同体，忘其肝胆，遗其耳目，反覆终始，不知端倪。

夫至德之世，同与禽兽居，族与万物并，恶乎知君子小人哉？同乎无知，其德不离，同乎无欲，是谓素朴，素朴而民性得矣。

故绝圣弃知，大盗乃止。

上诚好知而无道，则天下大乱矣。

是其始死也，我独何能无概然？察其始而本无生，非徒无生也，而本无形，非徒无形也，而本无气，杂乎芒芴之间，变而有气，气变而有形，形变而有生，今又变而之死，是相与为春秋冬夏四时行也。

生者假借也，假之而生，生者尘垢也，死生为昼夜。

死无君于上，无臣于下，亦无四时之事，从然以天地为春秋，虽南面王乐不能过也。

（三）修为说

庄子所说做人之道，亦与老子大略相同。他说道：

至人无己，神人无功，圣人无名。

许由曰……吾将为名乎？名者实之宾也，吾将为宾乎？鹪鹩巢于深林，不过一枝，偃鼠饮河，不过满腹；归休乎君，予无所用天下为？庖人虽不治庖，尸祝不越樽俎而代之矣。

为善无近名，为恶无近刑，缘督以为经，可以保身，可以全身，可以养亲。

泽雉十步一啄，百步一饮，不蕲畜乎樊中，神虽王，不善也。

回曰："敢问心斋？"仲尼曰："若一志，无听之以耳，而听之以心，无听之以心，而听之以气；耳止于听，心止于符，气也者，虚而待物者也；唯道集虚，虚者心斋也。"

蘧伯玉曰："善哉问乎？戒之慎之，正汝身哉？形莫若就，心莫若和，虽然之二者有患；就不欲入，和不欲出，就而入，且为颠为灭为崩为蹶，心和而出，且为声为名为妖为孽。彼且为婴儿，亦与之为婴儿，彼且为无町畦，亦与之为无町畦，彼且为无崖，亦与之为无崖，达之入于无疵。"

颜回曰："回益矣。"仲尼曰："何谓也？"曰："回忘仁义矣。"曰："可矣，犹未也。"它日复见，曰："回益矣。"曰："何谓也？"曰："回忘礼乐矣。"曰："可矣，犹未也。"它日复见，曰："回益矣。"曰："何谓也？"曰："回坐忘矣。"仲尼蹴然曰："何谓坐忘？"颜回曰："堕肢体，黜聪明，离形去知，同于大通，此谓坐忘。"仲尼曰："同则无好也，化则无常也，而果其贤乎？丘也请从而后也。"

无为名尸，无为谋府，无为事任，无为知主，体尽无穷而游无朕，尽其所受于天而无见得，亦虚而已。至人之用心若镜，不将不逆，应而不藏，故能胜物而不伤。

古之治道者，以恬养知，生而无以知为也，谓之以知养恬；知与恬交相养，而和理出其性；夫德和也，道理也，德无不容仁也，道无不理义也，义明而物亲中也，中纯实而反乎情乐也，信行容体而顺乎文礼也，礼乐偏行，则天下乱矣。

游心于淡，合气于漠，顺物自然而无容私焉，而天下治矣。

以上所述庄子学说的大略。

第五章

墨　家

第一节　墨子

《墨子》年代很不容易查考，应以孟子说为根据，孟子说："圣王不作，诸侯放恣，处士横议，杨朱墨翟之言盈天下，天下之言，不归杨，则归墨。"又说："逃墨必归于杨，逃杨必归于儒。"又载："墨者夷之，因徐辟而求见孟子。"从这方面看来，当孟子时代，杨墨徒党已满天下，那末墨子比较孟子先百余年。《贵义篇》载："子墨子南游于楚，献惠王以老辞，使穆贺见子墨子。"按惠王去位，当周考王九年，去孔子死四十七年，墨子正流寓四方，他的年龄正当四五十岁，那末他的生时，正当孔子晚年。又《耕柱篇》载"子夏之徒问于子墨子曰"，那末墨子稍后于七十子，和子思、列子等同时。墨子游说诸侯，政策不行。有人说墨子是宋人，因公输般为楚作云梯，墨子急去救宋，所以当墨子为宋人。又有人说墨子主张兼爱，他的救宋是贯彻他的主张，不能当作他就是宋人。所以墨子究竟是哪一国的人，实在是一个疑问。

孟子一度排斥墨子，吾国学者就因此不尊墨子，不过一读墨子的书，到处可以看到忧世忧民的地方。他说道："凡入国必择务而从事焉，国家昏乱，则语之尚贤尚同；国家贫，则语之节用节葬；国家憙音湛湎，则语之非乐非命；国家淫僻无礼，则语之尊天事鬼；国家务夺侵凌，则语之兼爱。"墨子不但学问渊博，并且长于攻城野战守御防备，以及兵甲械具筑城旗帜的方法，无不明通。汉刘子政称墨子为战国贤大夫，确是知言。

《史记》太史公谈论六家要指，关于墨家方面，说道："墨者亦尚尧舜之道，言其德行曰：堂高三尺，土阶三等，茅茨不翦，采椽不刮，食土簋，啜土刑，粝粱之食，藜藿之羹，夏日葛衣，冬日鹿裘，其送死桐棺三寸，举音不尽其哀，教丧礼，必以此为万民之率，使天下法若此，则尊卑无别也。夫世异时移，事业不必同，故曰：俭而难遵。要曰强本节用，则人给家足之道也。"又《汉书·艺文志》说："墨家盖出于清庙之守，茅屋采椽，是以贵俭，养三老五更，是以兼爱，选士大射，是以上贤，宗祀贤父，是以右鬼，顺四时而行，是以非命，以孝视天下，是以上同，此其所长也；及蔽者为之，见俭之利，因以非礼；推兼爱之意，而不知别亲疏。"《史记》《汉书》议论，较为允当，可以知道墨家的大略。现将他的学说略载于下。

（一）兼爱说

兼爱是墨子根本观念，他的主张非攻、节用、节葬、非乐等，都是从兼爱衍出来。孟子说："墨子兼爱，摩顶放踵，利天下为之。"这话最能包括墨子的大概。他的主张兼爱，和孔子的大同，释伽的慈悲，耶稣的博爱，没有多大的分别。不过孔子全是理想，墨子确能实行。释伽和耶稣是宗教家，墨子的天志明鬼，似宗教家而实非宗教家。他说道：

> 圣人以治天下为事者也，不可不察乱之所自起；当察乱何自起？
> 起不相爱；臣子之不孝君父，所谓乱也，子自爱不爱父，故亏父而
> 自利，弟自爱不爱兄，故亏兄而自利，臣自爱不爱君，故亏君而自
> 利，此所谓乱也。虽父之不慈子，兄之不慈弟，君之不慈臣，此亦
> 天下之所谓乱也；父自爱也不爱子，故亏子而自利，兄自爱也不爱

弟，故亏弟而自利，君自爱也不爱臣，故亏臣而自利，是何也？皆起不相爱。虽至天下之为盗贼者亦然，盗爱其室，不爱异室，故窃异室以利其室；贼爱其身，不爱人，故贼人以利其身，此何也？皆起不相爱。虽至大夫之相乱家，诸侯之相攻国者亦然，大夫各爱家不爱异家，故乱异家以利家；诸侯各爱其国不爱异国，故攻异国以利其国。天下之乱物，具此而已矣，察此何自起？皆起不相爱。若使天下兼相爱，人若爱其身，恶施不孝？犹有不慈者乎？视子弟与臣若其身，恶施不慈？不慈不孝亡有。犹有盗贼乎？故视人之室若其室，谁窃？视人身若其身，谁贼？故盗贼亡有。犹有大夫之相乱家、诸侯之相攻国者乎？视人家若其家，谁乱？视人国若其国，谁攻？故大夫之相乱家，诸侯之相攻国者亡有。若使天下兼相爱，国与国不相攻，家与家不相乱，盗贼无有，君臣父子皆能孝慈，若此则天下治。故圣人以治天下为事者，恶得不禁恶而劝爱；故天下兼相爱则治，相恶则乱。故子墨子曰："不可以不劝爱人者此也。"

凡天下祸篡怨恨，其所以起者，以不相爱生也；是以仁者非之，既以非之，何以易之？子墨子言曰："以兼相爱交相利之法易之。……视人之国若视其国，视人之家若视其家，视人之身若视其身。"

墨子的非攻主义，就是兼爱主义。因为攻战就是不兼爱的罪恶。他说道：

今有一人，入人园圃，窃其桃李，众闻则非之，上为政者，得则罚之，此何也？以亏人自利也。至攘人犬豕鸡豚者，其不义又甚入人园圃窃桃李，是何故也？以亏人愈多，其不仁兹甚，罪益厚。至入人栏厩取人马牛者，其不仁义又甚攘人犬豕鸡豚，此何故也？以其亏人愈多；苟亏人愈多，其不仁兹甚，罪益厚。至杀不辜人也，扡其衣裘取戈剑者，其不义又甚入人栏厩取人马牛，此何故也？以其亏人愈多；苟亏人愈多，其不仁兹甚矣，罪益厚。当此天下之君子，皆知而非之，谓之不义；今至大为攻国则弗知非，从而誉之谓之义；此何谓知义与不义之别乎？杀一人谓之不义，必有一死罪矣，若以此说，往杀十人，十重不义，必有十死罪矣，杀百人，百重不义，必有百死罪矣。当此天下之君子，皆知而非之，谓之不义，今至大为不义，攻国则弗之非，从而誉之谓之义，情不知其不义也，故书其言以遗后世。

兴师以攻伐邻国，久者终年，速者数月，男女久不相见，此所以寡人之过也。

今大国之攻小国，攻者农夫不得耕，妇人不得织，以守为事。攻人者，亦农夫不得耕，妇人不得织，以攻为事。

墨子的节用主义，亦是从兼爱来的；因兼爱的人，必能判别利害，节用可以取利而远害。他说道：

宫室不可不节，衣服不可不节，饮食不可不节，舟车蓄私不可不节，凡此五者，圣人之所俭节也，小人之所淫佚也，俭节则昌，淫佚则亡，此五者不可不节。

凡足以奉给民用则止，诸加费于民者，圣王弗为，故用财不费，民德不劳；反是则其使民劳，其籍敛厚，民财不足冻饿而死者，不可胜数。

墨子主张，不但生人要节用，就是死者也要节用，这叫做节葬。他说道：

正夫贱人死者殆竭家室，诸侯死者殆虚府库。

他并且反对久丧，说道：

处丧之法。……哭泣不秩声。翁！缞绖，垂涕，处倚庐，寝苫枕由。又相率强不食而为饥，薄食而为寒。使面目陷隅，颜色黧黑，耳目不聪明，手足不健强不可用也。……必扶而后起，杖而能行，以此共三年。……使王公大人行此，则必不能蚤朝。……使农夫行此，则必不能蚤出夜入，耕稼树艺。使百工行此，则必不能修舟车为器皿矣。使妇人行此，则必不能夙兴夜寐，纺绩织纴。

以原葬久丧者为政，君死丧之三年，父母死丧之三年，妻与后子死者，五皆丧之三年。然后伯父叔父兄弟孽子其族人，五月。姑姊甥舅皆有月数。则毁瘠必有制矣。……苟其饥约又若此矣，是故百姓冬不仞寒，夏不仞暑，作疾病死者不可胜计也。此其为败男女之交多矣。以此求众，譬犹使人负剑而求其寿也。

孟子曾说过："墨子治丧也，以薄为其道也。"又说："盖上世尝有不葬其亲者，其亲死则举而委之于壑，他日过之，狐狸食之，蝇蚋姑嘬之，其颡有泚，睨而不视；夫泚也，非为人泚，中心达于面目，盖归反虆梩而掩之，掩之诚是也；则孝子仁人之掩其亲，亦必有道矣。"可见墨家的薄葬短丧，和儒家的厚葬久丧处反对地位。不过孔子亦曾说过："丧与其易也宁戚。"颜渊死，门人欲厚葬他，孔子亦说："不可。"又《戴记·檀弓》载："昔者夫子居于宋，见桓司马自为石椁，三年而不成，夫子曰：'若是其靡也，死不如速朽之愈也。'"那末孔子并未曾主张过厚丧厚葬；不过因宰我欲短三年之丧，孔子确说过"子生三年，然后免于父母之怀，夫三年之丧，天下之通丧也"等话。又孟子葬母，弟子充虞问道："木若以美然？"孟子说："古者棺椁无度，中古棺七寸，椁称之。……得之为有财，古之人皆用之，吾何为独不然。且比化者无使土亲肤，于人心独无恔乎？吾闻之也，君子不以天下俭其亲。"照这段书看来，好像孟子主张厚葬的，但是孟子的后丧逾前丧，乐正子曾说明："前以士，后以大夫，前以三鼎，后以五鼎……非所谓逾也，贫富不同也。"那末"丧具称家之有无"，孟子并非贫而后葬，亦可以知道了。

墨子又主张非乐，也是从兼爱主义来的，他以为乐亦是靡费之一，靡费就不兼爱，所以和节用节葬是同样性质的。他说道：

> 为乐非也。今王公大人虽无造为乐器，以为事于国家，非直掊潦水，拆壤垣而为之也；将必厚措敛乎万民，以为大钟鸣鼓琴瑟竽笙之声，譬之若圣王之为舟车也，即我弗敢非。……舟用之水，车用之陆，君子息其足焉，小人休其肩背焉，故万民出财赍而予之，不敢以为感恨者，何也？以其反中民之利也，然则反中民之利亦若此，即我弗敢非也。然则当用乐器，民有三患，饥者不得食，寒者不得衣，劳者不得息，三者民之巨患。然即当为之撞巨钟、击鸣鼓、弹琴瑟、吹竽笙而扬干戚，民衣食之财，将安可得乎？即我以为未必然也。

今惟毋在乎王公大人说乐而听之，即必不能蚤朝晏退听狱治政，是故国家乱而社稷危矣。

今惟毋在乎士君子说乐而听之，即必不能竭股肱之力，亶其思虑之智，内治官府，外收敛关市、山林、泽梁之利以实仓廪府库，是故仓廪府库不实。今惟毋在乎农夫说乐而听之，即必不能蚤出暮入，耕稼树艺，多聚升粟不足。今惟毋在乎妇人说乐而听之，即必不能夙兴夜寐，纺绩织纴，多治麻丝葛绪捆布绦，是故布绦不兴。

墨子的非乐，太忽略精神方面。难道人生在世，除了衣食住行物质方面需要外，所有精神生活美感陶冶，统共置之不顾么？

（二）非命说

墨子的非命说，的确合乎现今物竞天择优胜劣败的公例。只有儒家道家言命，不过儒家言命，并非迷信，如孔子既说："不知命，何以为君子也。"然又说："不怨天，不尤人，下学而上达，知我者，其天乎？""人不知而不愠，不亦君子乎？"孟子既说："莫非命也，顺受其正。"然又说："是故知命者不立乎岩墙之下，尽其道而死者，正命也，桎梏死者，非正命也。"可见儒家言命，不废人为，和申包胥"人定胜天，天定亦能胜人"的言论相合。兹将墨子的非命说录下。

今用执有命者之言，则上不听治，下不从事。上不听治则刑政乱，下不从事则财用不足。上无以供粢盛酒醴，祭祀上帝鬼神，降绥天下贤可之士。外无以应待诸侯之宾客，内无以食饥衣寒将养老弱。故命上不利于天，中不利于鬼，下不利于人，而强执此者，此持凶言之所自生，而暴人之道也。

今也王公大人之所以早朝晏退，听狱治政，终朝均分而不敢怠倦者，何也？曰：彼以为强必治，不强必乱，强必宁，不强必危，故不敢怠倦。今也卿大夫之所以竭股肱之力，殚其思虑之知，内治官府，外敛关市、山林、泽梁之利，以实官府而不敢怠倦者，何也？曰：彼以为强必贵，不强必贱，强必荣，不强必辱，故不敢怠倦。

今也农夫之所以蚤出暮入，强乎耕稼树艺，多聚升粟而不敢怠倦者，何也？曰：彼以为强必富，不强必贫，强必饱，不强必饥，故不敢怠倦。今也妇人之所以夙兴夜寐，强乎纺绩织纴，多治麻丝葛绪布縿而不敢怠倦者，何也？曰：彼以为强必富，不强必贫，强必暖，不强必寒，故不敢怠倦。今惟毋在乎王公大人，真若信有命而致行之，则必怠乎听狱治政矣，卿大夫必怠乎治官府矣，农夫必怠夫耕稼树艺矣，妇人必怠乎纺绩织纴矣。王公大人怠乎听狱治政，卿大夫怠乎治官府，则我以为天下必乱矣。农夫怠乎耕稼树艺，妇人怠乎纺绩织纴，则我以为天下衣食之财将必不足矣。

墨子的非命，确在吾国理学史上放一异彩。虽十六世纪以后科学世界之见识之议论，亦不过尔尔，不得不感叹吾国开化独早，人民智识发达最先。不过墨子既不信命，何以又信天，又信鬼？非命以外，偏偏有天志明鬼；难道命与天矛盾不并立？那末孔子所说"死生有命，富贵在天"是两桩事么？

第六章

其他诸家

第一节　法家诸子

《史记》太史公谈论六家要指，关于法家方面，说道："法家不别亲疏，不殊贵贱，一断于法，则亲亲尊尊之恩绝矣，可以行一时之计，而不可长用也；故曰严而少恩。若尊主卑臣，明分职不得相逾越，虽百家弗能改也。"又《汉书·艺文志》曰："法家者流，盖出于理官，信赏必罚，以辅礼制。《易》曰：'先王以明罚饬法。'此其所长也。及刻者为之，则无教化，去仁爱，专任刑法，而欲以致治，至于残害至亲，伤恩薄厚。"这两段对于法家描摹尽致。兹将法家诸子录下。

（一）管仲

《汉书·艺文志》把管仲作道家，不过《七略》当他为法家。最可惜的《管子》一书为后人所伪托，实在无可记录。现在但就太史公所作列传中的管子摘记一二，以存管子的真相。

　　管仲夷吾者，颍上人也。……任政于齐，齐桓公以霸，九合诸侯，一匡天下，管仲之谋也。……管仲既任政相齐，以区区之齐在海滨，通货积财，富国强兵，与俗同好恶。故其称曰："仓廪实而知礼节，衣食足而知荣辱，上服度则六亲固，四维不张，国乃灭亡。"下令如流水之源，令顺民心，故论卑而易行。俗之所欲，因而予之，俗之所否，因而去之。其为政也，善因祸而为福，转败而为功，贵轻重，慎权衡。桓公实怒少姬，南袭蔡，管仲因而伐楚，责包茅不入贡于周室。桓公实北征山戎，而管仲因而令燕修召公之政。于柯之会，桓公欲背曹沫之约，管仲因而信之，诸侯由是归齐。故曰：知与之为取，政之实也。……

太史公曰："吾读管氏《牧民》《山高》《乘马》《轻重》《九府》……详哉其言之也。既见其著书，欲观其行事，故次其传。至其书世多有之，是以不论，论其轶事，管仲世所谓贤臣，然孔子小之。岂以为周道衰微，桓公既贤而不勉之至王，乃称霸哉？语曰：'将顺其美，匡救其恶，故上下能相亲也。'岂管仲之谓乎？……"

（二）申不害

申不害本为郑国贱臣，后见韩昭侯，昭侯用为相，十五年间敌不敢侵韩。周显王三十三年死去。太史公说："申子之学本于黄老，而主刑名。著书二篇，号《申子》。"《汉书·艺文志》有法家《申子》六篇，今已亡。他的学说，主张客观的，普遍的。不主张主观的，特殊的。客观与普遍，就是万物进动；主观与特殊就是心。人君须把万物进动为标准，如过专用主观的心，不免偏于一隅，万不可靠。故说道："去听无以闻则聪，去视无以见则明，去智无以知则公。"他的思想和口吻，颇像老子，说道："至智弃智，至仁忘仁，至德不德。"他主张无为政治，说道："因者君术也，为者臣道也，为则扰矣，因则静矣。因冬为寒，因夏为暑，君奚事哉？故曰：君道无知无为，而贤于有知有为，则得之矣。"他又主张专任法，说道："法者见功而与贵，因能而受官。"又说："君必明法正义，若悬权衡以称轻重，所以一群臣也。"又说："尧之治也，善明法察令而已。圣君任法而不任智，任数而不任说。黄帝之治天下，置法而不变，使民安乐其法也。"

荀子说："申子蔽于势而不知智。"太史公说："申子卑卑，施于名实。"照他二人的议论，不害的学术，亦可想而知了。

（三）商鞅

太史公说："商君其天资刻薄人也。"商君姓公孙，名鞅，卫的庶孽公子。少时好刑名法术之学，闻秦孝公求贤，遂因孝公宠臣景监而得见，为秦相，定变法令，封商于地，故号商君。相秦十年，宗室大臣多怨望，孝公死，而商君被车裂以殉。《汉书·艺文志》载《商君书》二十九篇，今存二十四篇。他的主张，确系自用自专，生今反古，说道："三代不同礼而王，五霸不同法而霸。……前世不同教，何古之法？帝王不相复，何礼之循？伏羲神农教而不诛，黄帝尧舜诛而不怒。及至文武各当时而立法，因事而制礼。……治世不一道，便国不必法古，汤武之王也，不循古而兴。殷夏之灭也，不易礼而亡。然则反古者未必可非，循礼者未足多是也。"他的本领全在富国强兵，《史记》载他所颁的制度。

> 令民为什伍，而相收司连坐。不告奸者腰斩，告奸者与斩敌首同赏，匿奸者与降敌同罚。民有二男以上，不分异者，倍其赋。有军功者各以率受上爵，为私斗者各以轻重被刑。大小僇力，本业耕织，致粟帛多者，复其身。事末利，及怠而贫者，举以为收孥。宗室非有军功，论不得为属籍。明尊卑爵秩等级，各以差次名田宅，臣妾衣服以家次。有功者显荣，无功者虽富无所芬华。

商君以刑为齐一万民的方法。说道："夫刑者，所以夺禁邪也，赏者，所以助禁也。是故重罚轻赏则民爱上，民死上。重赏轻罚，则民不爱上，民不死上。……故王者刑九而赏一，强国刑七而赏三，削国刑五而赏亦五。"照这样看，他的残酷可知。所以他临渭水论囚，渭水尽赤，是不虚的。

（四）韩非

韩非为韩诸公子，喜法术刑名。和李斯同学于荀卿，斯自知不如非。非见韩弱，上书谏韩王，王不用，作《孤愤》《五蠹》《内外储说》《说林》《说难》《饰邪》等诸篇，传至秦，秦王见而思其人。后非到秦，秦王悦，李斯、姚贾毁非，非下狱，遂自杀。太史公论非说："韩子引绳墨，切事情，明是非，其极惨礉少恩。"确是不差的。《汉书·艺文志》载《韩非子》五十五篇，今所传为五十五篇，不过其中后人伪托的亦不少。又太史公说："韩非者，韩之诸公子也，喜刑名法术之学，而其归本于黄老。"柯维骐说："申韩由黄老而流入于刑名，所谓无情之极，至于无恩者也。"凌约言说："韩非皆出于老子。"陈仁子说："论申韩之惨，而归之老子，迁之论确矣。"林希逸说："老庄之学，喜为惊世骇俗之言，故其语多有病。此章（<small>天地不仁章</small>）大旨不过曰天地无容心于养民，却如此下语，涉于奇怪，而读者不精，遂有深弊。故曰：申韩之惨刻，原于刍狗百姓之意，虽老子亦不容辞其责矣。"韩非以法律为至上主义，无论一言一行，须遵法律。说："释法术而心治，尧不能正一国。去规矩而妄意度，奚仲不能成一轮。"又说："明主之道，一法而不求智。"又说："法不阿贵，绳不挠曲，法之所加，智者弗能辞，勇者弗敢争。"又说："国无常强，无常弱，奉法者强则国强，奉法者弱则国弱。"又说："明主使法择人，不自举也。使法量功，不自度也。"又说："今不知治者，必曰得民之心，欲得民之心，而可以为治，则是伊尹管仲，无所用也，将听民而已矣。……今上急耕田垦草，以厚民产也，而以上为酷。修刑重罚以为禁邪也，而以上为严。征赋钱粟以实仓库，且以救饥馑备军旅也，而以上为贪。境内必知介而无私解，并力疾斗，所以禽虏也，而以上为暴。此四者所以治安也，而民不知悦也。"又说："宋人有耕田者，田中有株，兔走触株，折颈而死。因释其耒而守株，冀复得兔，兔不可复得，而身为宋国笑。今欲以先王之政，治当世之民，皆守株之类也。古者丈夫不耕，草木之实足食也。妇人不织，禽兽之皮足衣也。不事力而养足，人民少而财有余，故民不争。是以厚赏不行，重罚不用，而民自治。今人有五子不为多，子又有五子，大父未死而有二十五孙，是以人民众而货财寡，事力劳而供养薄，故民争。虽倍赏累罚而不免于乱。"又说："且夫以法行刑，而君为之流涕，此以效仁，非以为治也。夫垂泣不欲刑者，仁也；然而不可不刑者，法也。先生胜其法不听其泣，则仁之不可以为治亦明矣。"又说："今有不才之子，父母怒之弗为改，乡人谯之弗为动，师长教之弗为变。夫以父母之爱，乡人之行，师长之智，三美加焉而终不动，其胫毛不改；州部之吏，操官兵，推公法，而求索奸人，然后恐惧，变其节，易其行矣。故父母之爱，不足以教子，必待州部之严刑者，民固骄于爱，听于威矣。"

又韩非主张重刑轻赏，完全与商鞅同。说道："行刑重其轻者，轻者不至，重者不来，是谓以刑去刑。"又说："圣人之治民，度于本不从其欲，期于利民而已；故其与之刑，非所以恶民，爱之本也；刑胜而民静，赏繁而奸生；故治民者，刑胜，治之首也；赏繁，乱之本也。"

第二节　名家诸子

《史记》太史公谈论六家要指，关于名家方面，说道："名家苛察缴绕，使人不得反其意，专决于名而失人情。故曰：使人俭而善失真。若夫控名责实，参伍不失，此不可不察也。"又《汉书·艺文志》曰："名家者流，盖出于礼官，古者名位不同，礼亦异数，孔子曰：'必也正名乎？名不正则言不顺，言不顺则事不成。'此其所长也。及訾者为之，则苟钩鈲析乱而已。"这两段对于名家发挥透辟。兹将名家诸子录下。

（一）邓析

《汉书·艺文志》列邓析为名家第一。考邓析郑国人，和子产同时，他的名颇散见于《左传》《列子》《荀子》《吕览》等。邓析喜弄辩玩辞，非君子者流，今所传的为《无厚》《转辞》二篇，中间颇不一致，恐系伪作，有接近法家的言论，如"万物自归，莫之使也"。又对于老子"圣人不死，大盗不止"的言论，反复不已。此外循名责实的语调不少，不过决非析所说。兹将《吕览》所载记下。

> 洧水甚大，郑之富人有溺者，人得其死者。富人请赎之，其人求金甚多。以告邓析，邓析曰："安之，人必莫之卖矣。"得死者患之，以告邓析，邓析又答之曰："安之，此必无所更买矣。"
>
> 子产治郑，邓析务难之，与民之有狱者，约大狱一衣，小狱襦袴，民之献衣襦袴而学讼者不可胜数。以非为是，以是为非，是非无度，而可与不可日变，所欲胜因胜，所欲罪因罪，郑国大乱，民口欢哗。子产患之，于是杀邓析而戮之，民心乃服，是非乃定，法律乃行。

（二）尹文

《汉书·艺文志》说："尹文子说齐宣王先公孙龙。"师古注刘向说："尹文子与宋钘同游稷下，惜其传不详。"《艺文志》有《尹文子》一篇，今所传为《大道》上下二篇，他主张"以名正形，循自然之趋势而治民"，和韩非相同。他又以圣人为主观的、个人的，圣法为客观的、普遍的，强为区别，以表示名家的特征。他说道：

> 名称者何，彼此而检虚实者也。自古至今，莫不用此而得，用彼而失；失者由名分混，得者由名分察；今亲贤而疏不肖，赏善而罚恶，贤不肖善恶之名宜在彼，亲疏赏罚之称宜属我，我之与彼，又复一名，名之察者也；名贤不肖为亲疏，名善恶为赏罚，合彼我之一称而不别之，名之混者也；故曰：名称者不可不察也。语曰：

好牛，好则物之通称，牛则物之定形，以通称随定形，不可穷极者
也。设复言好马，则后连于马矣，则好所通无方也；设复言好人，
则彼属于人也，则好非人，人非好也，则好牛好马好人之名自离矣。
故曰名分不可相乱也。

照上所说，和公孙龙的白马论、坚白论，大都相同。不但有名
家的称呼，就是把希腊时代的诡辩学派相比较，亦未尝不可。

（三）惠施

惠施梁相，和庄子同时，庄子尝称赞他。和公孙龙齐名。他的
诡辩：（1）魏惠王和齐威王相约誓，威王背约，惠王怒，欲讨伐他，
惠施教人见惠王说："蜗的左角有国叫做触，右角有国叫做蛮，争地
相战，伏尸数万，追北十五日始反。今在大世界上争区区的地方，
和蜗角的战争有什么两样呢？"惠王即觉悟。（2）卵有毛，钩有须。
荀卿说："钩有须，卵有毛，是说之难持者也，而惠施邓析能之。"
（3）无厚不可积也，微厚可积千里。这和老子无生有的意思相同。
（4）鸡三足。这是说两足以外，还有使它动的。（5）马有卵。这是
说胎和卵并无一定的形态，所以鸟也可以有胎，马也可以有卵。（6）
轮不辗地。这是说轮不能着地，因黏滞即不能行动。（7）镞矢虽疾，
不发不行，发则不止，是其疾在人而不在镞矢。（8）丁子有尾。丁
子就是虾蟆，用科学眼光看来，虾蟆本是蝌蚪变的，那末蝌蚪原来
有尾巴的。荀子说："夫坚白同异有厚无厚之察，非不察也，然而君
子不辨，止之也。"总之这种辩论，和时代思想没有多大关系，所以
尽可不去深究他。

（四）公孙龙

公孙龙赵人，字子秉，为平原君客，和孟子同时。他的言论散
见于《列子》《庄子》《吕氏春秋》等。《汉书·艺文志》说《公孙龙

子》为十四篇，今所传仅数篇。他的诡辩：（1）孤犊未尝有母。这是说既称孤犊不应有母，有母的，非孤犊，是子犊。（2）一发引千钧。这是说发所以断的缘故，因为有不平均的地方；如果不是这样，那末不会断的。（3）有影不移。这是说影的位置不变动，如果见影移动，这并非移动，乃是新生的现象。（4）有物不尽。这是说一物折半，常有两具。如果不能折半，那末常有一具，所以说有物不尽。（5）白马非马。这是说白为色，马为形，色非形，形非色，色和形不可混合。譬如求白马不见，不可以它色马代。所以说白马非马。（6）赵与秦会盟于渑，曰：赵之所攻者，秦亦攻之，秦之所攻者，赵亦攻之。既而秦攻中山，赵却救之，秦大怒。平原君患焉，召公孙龙而问之，龙曰：可向秦使言，我今欲救中山，君何不与我俱？（7）坚白论。公孙龙曰：坚白石三可乎？曰不可。二可乎？曰可。谓目视石，但见白，不知其坚，则谓之白石。手触石，则知其坚而不知其白，则谓之坚石。是坚白终不可合为一也。

以上所记名家诸子各人不同，但是所使诡辩名实两符则一。亦可以见吾国论理学的发达也不后于他国。

第三节　杂家诸子

《汉书·艺文志》以兼儒墨合名法的称为杂家。因杂取古说，不能独树一宗，不过中间亦有好辩而思想可取的。特采录如下。

（一）尸佼

尸佼鲁人，商君曾师事他，商君死，逃入蜀，所著书存的不多，他的治国意见以义为惟一方便。说道："夫义者，万事之源也，国之所以立。"又说："贤者之治，去害义者。"他又以义为利。说道："义必利，虽桀杀关龙逢、纣杀王子比干，犹谓义之必利也。是故尧以天下与舜，曰：'富乎义乎？'舜乃曰：'义也。'舜之治天下也，天下调于玉烛，息于永风，食于膏火，饮于醴泉；而舜之德如河海，千仞之溪亦满焉，蝼蚁之穴亦满焉。普天之下，莫不润泽。此以比禹之平水土，汤之放桀，则无大小广狭之差焉。"他的这种议论，颇和邹鲁相近。他甚重德义，说道："夫德义也者，视之弗见，听之弗闻，天地以正，万物以遍，无爵而贵，不禄而尊也。"他又以道德和天地的自然法同一看待，说道："天地生万物，圣人裁之，裁物以制分，便事以立官，君臣父子上下长幼贵贱亲疏，皆得其分曰治，爱得分曰仁，施得分曰义，虑得分曰智，动得分曰适，言得分曰信，皆得其分而后为成人。明王之治民也，事少而功立，身逸而国治，言寡而令行。事少而功多，守要也。身逸而国治，用贤也。言寡而令行，正名也。"从这段看来，他又注重名分。所以他并说："陈绳则木之枉者有罪，措准则地之险者有罪，审名分则群臣之不审者有罪矣。"可见商君法的观念，就是从这面来的。

（二）吕不韦

秦相吕不韦命食客作《吕氏春秋》，又名《吕览》，有《八览》《六论》《十二纪》，中《期贤》篇有"当今之时世暗甚矣，人主有能明其德者，天下之士其归之也"句，确是秦一统以前的书。书中的议论：（1）社会的最大目的为利，忠臣烈士不外欲达此目的。（2）政不可不以人性为基础。（3）人的本能为欲，无欲则社会不活动，利用此欲为官吏的任务。（4）身非我所私有，乃严亲的遗骸。此外所载，有类于《中庸》的，有类于《杨子》的，有类于《管子》的，有取《老子》的，有君道尚一之说，有天人感应之说，中间非常杂驳，所以列入杂家。

杂家中亦有兵家、纵横家和类乎道家、墨家的，因和理学没有关系，故不载。

第七章

秦　代

　　秦代没有什么学术，秦政听了荀卿的弟子李斯的话，把五帝三王相传下来的古典，除《易》认为卜筮书外，悉数焚毁无余，所以后人研究古学，不是无所依据煞费研究苦心，就是以伪乱真，鱼目混珠。这可以说是吾国学术思想史上一大打击，亦可以说秦政李斯的一大罪恶。现把太史公所作《秦本纪》关于学术消长史，略述如下。

　　　　丞相李斯曰："五帝不相复，三代不相袭，各以治，非其相反，时变异也。今陛下创大业，建万世之功，固非愚儒所知；且越言乃三代之事，何足法也。异时诸侯并争，厚招游学，今天下已定，法令出一，百姓当家则立农工，士则学习法令辟禁。今诸生不师今而学古，以非当世，惑乱黔首。丞相臣斯昧死言，古者天下散乱，莫之能一，是以诸侯并作，语皆道古以害今，饰虚言以乱实，人善其所私学，以非上之所建立。今皇帝并有天下，别黑白而定一尊，私学而相与非法教人，闻令下则各以其学议之，入则心非，出则巷议，夸主以为名，异取以为高，率群下以造谤，如此弗禁，则主势降乎上，党与成乎下，禁之便。臣请史官非秦纪皆烧之。非博士官所职，天下敢有藏《诗》、《书》、百家语者，悉诣守尉杂烧之。有敢偶语《诗》《书》者弃市。以古非今者族。吏见知不举者与同罪。令下三十日不烧黥为城旦。所不去者，医药、卜筮、种树之书，若欲有学法令，以吏为师。"制曰："可。"

照这段书看来，秦代的毁灭学术思想可见一斑。而始皇和李斯的速取灭亡，亦可一览无余。

第三编　中古理学史

第一章

两汉理学

汉代经秦焚书坑儒以后，断简残编搜罗颇不容易，一般读书的工作，都忙在到处搜集，搜集得到以后，或执经问难，或埋头攻究，哪里有多少工夫去运用思想发明学术。譬方人家遇到兵燹或火灾以后，只得在颓垣败瓦中掘取烬余，哪里有心思去谈到新计划新建设，和怎样的建筑新屋舍。所以汉代的理学不发达，是当然的，意中的。现将对于学术较有关系的略述于下。

（一）训诂学

汉高祖即帝位，知不能以马上治天下，因此以太牢祀孔子，首先尊重儒学。同时又信奉老子，吕后、萧何、曹参、张良等亦然。因受暴秦苛政以后，清静无为的大道，最为适宜。文帝亦好黄老，躬修玄默。景帝时改《老子》为经，因诸子中老子独深远。武帝好儒，置五经博士，董仲舒对策，欲宗儒道，绝异学。后汉明帝佛教入中国，于是儒释道三教并行，直至今日。

《汉书·儒林传》说：汉代经术最盛，专家不少，不过到了东汉以后，分为今学和古学，双方意见颇深。在西汉时代，贾谊、孔安国、河间献王等都好古学，因此而《毛诗》《古文尚书》《左氏春秋》

等传下来，《周官》最为晚出。新莽时代刘歆治《左氏春秋》和《周官》，古学因而畅行。又有许慎（字叔重）博学经籍，马融常推敬他，时人称"五经无双许叔重"，撰《五经异议》和《说文解字》十四篇，训诂书得集大成。马融、郑玄起初均治古学，后玄杂用今古文，于是古学和今学不容易分清了。

（二）词章学

秦汉以前，并无所谓词章学，从屈原作《离骚》后，于是继续《风》《雅》而勃兴。不过《离骚》总不外乎忠君爱国四字。汉兴，有司马相如、虞丘寿王、东方朔、枚乘、枚皋、王褒、刘向、扬雄等，锦辞绣句，耳目一新，不愧太平时代的产物。

儒学复兴和词章流行外，还有谶纬学和五行论，纬书周代已有，据说自河图洛书递嬗而来，秦史望气人说："东南有天子气。"又卢生奏谶语："亡秦者胡。"后汉光武中兴，因图谶早有"刘秀作天子"语，所以光武特别信奉。五行论起于汉武帝时代，往往附会经术，解释阴阳灾异，除董仲舒崇奉以外，尚有夏侯胜、京房、翼奉、刘向、谷永等。诸学以外，尚有司马迁的《史记》，贾谊的奏策，汉代文学的兴盛可以想见。至于理学方面，如陆贾论性善，贾谊论性有三，近于性三品说，刘向亦然，王充亦然，荀悦亦然，而以董仲舒、刘安、扬雄为最著。兹略述于后。

第一节　董仲舒

董仲舒，汉景帝时博士。汉武帝诏求贤良方正直言极谏之士，仲舒上天人三策，武帝拔第一。仲舒治《春秋》，后为公孙弘所嫉，斥为胶西王相，以病免。居桂岩山，自号桂岩子。仲舒著《春秋繁露》传，不过学者都以为伪作。

（一）天人合一说

仲舒说："道之大原出于天。"又说："先王则天以行政。"因人的系统，经父母至祖父母，经祖父母至曾祖父母，由下而上层层追溯，就可知人本于天。人的父就是天，天为人的曾祖父，故人不可不尊敬天，人不可不类似天。不过董子所说的天，颇为抽象的。如《顺命篇》所载："父者子之天也，天者父之天也。""诸所受命者，其尊皆天也。"可知他的意思，不过以为尊者罢了。现将他的本意分析如下。

（1）天的贵重，是固然的，天子的礼，除郊（祭天）外，没有比他重的。每年正月，必先祭天，然后祭百神。逢三年之丧不祭先，然不敢废郊。可知郊比宗庙为重，天比人为重。

（2）人为天的子，故身体性情皆类天。他的意思，以天终岁之数为人身，故小节三百六十六，符一年日数。大节十二分，符一年月数。内有五脏符五行数，外有四肢符四时数。乍视乍瞑，符昼夜。乍刚乍柔，符冬夏。乍哀乍乐，符阴阳。心有计虑，符度数。行有伦理，符天地。又说：人的性情和天地一贯，如喜气取春，乐气取夏，怒气取秋，哀气取冬。天有四时，不可移易。人有四情，各得其所。

（3）天人感应，为仲舒的根本思想。天人皆有阴阳之气，阴气和阴气相应，阳气和阳气相应，说道：所谓天地之阴气起，而人之阴气应之而起，人之阴气起，而天之阴气亦宜应之而起，其道一也。

（4）天为人的祖，不可不模仿，其道有二，一为政治组织，一为伦理体系。政治组织载在官制《象天篇》，要在三起四终，三为天数，天地人三而为德，日月星三而为光，寒暑和三而成物，三时为功，三月为时，故以三数。象君置三公，三公各置三卿，九卿各置三大夫，二十七大夫各置三士，凡百二十人，公卿大夫士为四重，四亦象天，即一岁四变而成，就是四时。伦理体系，亦以天地为法象。说道："天有五行，木火土金水是也，木生火，火生土，土生金，金生水。水为冬，金为秋，土为季夏，火为夏，木为春。春主生，夏主长，季夏主养，秋主收，冬主藏。是故父之所生，其子长之，父之所长，其子养之，父之所养，其子成之，父之所为，其子皆奉承而续行之，故父授子受，乃天之道也。故曰：夫孝者天之经也，此之谓也。风雨者地之所为，而万物之所以吹泽，然不曰地风地雨，而曰天风地雨，此即勤劳在于地，名归于天也。此非义不能，人臣事上，如地之事天，则谓大忠，此曰地之义也。忠孝则于天，此理明矣。以之配五行，忠臣之行，孝子之义，归于土之行，土者火之子也，土之于四时无所命者，不与火共功名，木名春，火名夏，金名秋，水名冬，土不与，故五行土为最贵。忠臣之义，孝子之行，取之土。"

（二）性说

仲舒的说性，和告子的生之谓性说差不多。乃抽象的，不可以善恶名状。譬如茧，茧非丝，丝就是善，未成丝时只能称为茧，不能称为丝，因职工之巧拙，或得良丝，或得不良丝。人的性必由陶铸，而后可为善、可为恶，如果当人所生时的性，而纯任自然，那末亦无所谓善，无所谓恶。他说道："民受未能善之性于天，而退受成性之教于王，王承天意，以成民之善性为任也。"又说道："性比于禾，善比于米，米出禾中，而禾未可全为米也。善出性中，而性未可全为善也。"又说道："名性不以上不以下，以其中名之。性如茧如卵，卵待覆而为雏，茧待缫而为丝，性待教而为善，此之谓真天。"是仲舒的主张性善，要必待教而成，教要必待王而明，那是始终一贯的。

仲舒反对性善，他根据有二，一是孔子所说，一为天地的化生。他说道："循三纲五纪，通八端之理，忠信为博爱，敦厚而好礼，乃可谓善，此圣人之善也。是故孔子曰：'善人吾不得而见之矣，得见有恒者斯可矣。'由是观之，圣人之所谓善未易当也，非善于禽兽，则谓之善也。"可知孔子既说不见善人，那末人性还可说是善么，人受天地的气，苟无恶的成分，那末何以有不可思议的愚不肖呢？所以又说道："人性有贪有仁，仁贪之气两在于身，身之名取诸天，天两有阴阳之施，身亦两有贪仁之性。"

仲舒的言论，未必十分深邃，无论说天说性，终难有独到处。不过汉武帝的表章六经，确和仲舒的章奏极有关系。故对于儒学的提倡，不能算为无功。惟开后世蔑视异学的端绪，亦不能不说他局量的浅狭。

第二节　刘安

刘安为淮南王，为人好读书鼓琴，不喜弋猎狗马驰骋，尝招致宾客数千人，后伍被自诣吏具告与淮南谋反，上使宗正以符节劾王，未至安自杀。高诱序说："安辩达，善属文，文帝为从父，数上书，召见，文帝甚重之，使作《离骚赋》，旦受诏，午即成，上爱而秘之。又际武帝好儒，颇为隆重。安初献内篇，帝爱秘之不出。天下方术之士多往归之，于是与苏飞、李尚、左吴、田由、雷被、伍被、晋昌等八人，及诸儒大山小山之徒，共讲论道德，总统仁义，著书二十一篇，题曰《鸿烈》，鸿，大也，烈，明也，言明大道也。"后刘向名书为《淮南子》，有内外二篇，《汉书·艺文志》称内二十一篇，外三十三篇，内篇论道，外篇杂说。

《淮南子》杂驳不纯，凡从前一切学说，无不收集，不黜老，不偏孔，容韩取庄，有天人感应说，有非鬼论，他说："睹尧之道，乃知天下之轻也。观禹之志，乃知天下之细也。原壶子之论，乃知死生之齐也。见子求之行，乃知变化之同也。"可见他思想的驳杂，所以扬雄说："圣人将有取焉尔，必也儒乎，忽出忽入，淮南也。"又王宗沐说："安《鸿烈》其说固曲学者流，毋能为吾儒重。"不过儒家在子思以后，以性为教学的中心，道家专讲虚无，专说绝对，不以性为教学的中心。只有《淮南子》一面论道，论绝对，如老子派，一面又以性为教学的中心，由性而达于绝对地位。后来道家高唱神仙的大道，和长生不死的大道，就是根据《淮南子》的观念。

（一）性道说

《淮南子》为结合万物的基础，说道："夫道有经纪条贯，得一之道，连千枝万叶。"又说："执道要之柄，而游于无穷之地。"不过道是静的虚的，所以人性亦是静的虚的。说道："人生而静，天之性也；感而后动，性之害也；物至而神应，知之动也。"又说："清净恬愉，人之性也。"人性本来静虚，他的紊乱原因，就是知诱于外，和事物接触时生好恶心，致和道相反，所以圣人不失本性。说道："达于道者，不以人易天。"天就是性，他又以性为一切行动的标准。说道："夫乘舟而惑者，不知东西，见斗极则寤矣。夫性亦人之斗极也，以有自见也，则不失物之情，无以自见，则动而惑营。"他又以人性为善，说道："人之性无邪，久湛于俗则易，易而忘本，合于若性。故日月欲明，浮云盖之；河水欲清，沙石涴之；人性欲平，嗜欲害之。"又说："率性而行谓之道。"这和《中庸》所说相同。至怎样反其本性？说道："省事之本，在于节欲；节欲之本，在于反性；反性之本，在于去载。去载则虚，虚则平，平者道之素也，虚者道之舍也。……能修其身者，必不忘其心；能原其心者，必不亏其性；能全其心者，必不惑于道。"

《淮南子》性善的根本思想怎样？说道："所谓为善者，静而无为也。所谓为不善者，躁而多欲也。适性辞余，无所诱惑，循性保真，无变于己。故曰：为善易。越城郭，逾险塞，奸符节，盗管金，篡杀矫诬，非人之性也。故曰：为不善难。"又说："是故圣人之学也，欲以返性于初而游心于虚也；达人之学也，欲以通性于辽廓而觉于寂漠也；若去俗世之学也则不然，擢德攓性，内愁五藏，外劳耳目。"可知他说的性善，就是虚，就是静。也可以说是儒家道家的折衷派。

（二）反仁义说

老子说："大道废，有仁义。"庄子说："及至圣人，蹩躠为仁，踶跂为义，而天下始疑矣。澶漫为乐，摘僻为礼，而天下始分矣。"《淮南子》的反仁义说颇相同。说道：

> 古之人同气于天地，与一世而优游，当此之时，无庆贺之利，刑罚之威，礼义廉耻不设，毁誉仁鄙不立，而万民莫相侵欺，暴虐犹在于混冥之中，逮至衰世，人众财寡，事力劳而养不足，于是忿争生，是以贵仁。仁鄙不齐，比周朋党，设诈谞怀机械巧故之心而性失矣，是以贵义。阴阳之情，莫不有血气之感，男女群居杂处而无别，是以贵礼。性命之情，淫而相胁以不得已，则不和，是以贵乐。是故仁义礼乐者，可以救治，而非通治之至也。夫仁者所以救争也，义者所以救失也，礼者所以救淫也，乐者所以救忧也，神明定于天下，而心反其初，心反其初而民性善，民性善而天地阴阳从而包之，则财足而人淡矣，贪鄙忿争不得生焉，由此观之，则仁义不用矣。道德定于天下，而民纯朴。则目不营于色，耳不淫于声，坐诽而歌谣，被发而浮游，虽有毛嫱西施之色不知说也，掉羽武象不知乐也，淫泆无别不得生焉，由此观之，礼乐不用也。是故德衰然后仁生，行沮然后义立，和失然后声调，礼淫然后容饰。是故知神明然后知道德之不足为也，知道德然后知仁义之不足行也，知仁义然后知礼乐之不足修也。

《淮南子》所说一切，总是要调和儒道二家的对立。但是一方面说性是虚静，他方面又说性可率由，无论怎样调和，总不免陷于矛盾，这是无可讳言的。

第三节　扬雄

扬雄字子云，蜀郡成都人，少好学，博闻强记，目无不经，口吃不能剧谈，安贫不干富贵，一室凝思，居诸萧然。初慕司马相如风，好词赋，每作拟相如，悲屈原，作反《离骚》以吊之。年四十余，入京师，屡上赋，叙给事黄门，时董贤专权，所附皆拔擢，雄独不移官。乃拟《周易》作《太玄》，拟《论语》作《法言》。后王莽篡汉，雄为大夫，作《剧秦美新》，以颂莽德，后世丑之。现将扬雄的学说列下。

（一）玄说

扬雄阐明现象界的本体和现象界的进程，现象界进程，就是玄的作用；玄为宇宙的本体，这是从老派的思想而来；不过说到现象活动的进程，这是易学的本能。《周易·系辞传》有太极生两仪说，有精气为物说，然太极未分阴阳，亦非本体；精气究属何物，亦未说明；不过决非自动的万能的本体，可以明白。至雄所说的玄，确系自动的万能的本体，以支配现象界，这就是老子道的观念和现象界法则的观念相结合。

扬雄以玄为开发宇宙之原动力，说道：

> 假哉天地，嗛函启化，罔裕于玄。

又以玄为精灵的，说道：

> 阳知阳而不知阴，阴知阴而不知阳，知阴知阳，知止知行，知晦知明者，其唯玄乎？

又述玄的司配一切，说道：

> 玄者，以衡量者也，高者下之，卑者举之，饶者取之，馨者与之，明者定之，疑者提之。

又论玄之地位，说道：

近玄者玄亦近之，远玄者玄亦远之；譬若天，苍苍在于东面、南面、西面、北面，仰而无不在焉，及其俯则不见也；天岂去人哉？人自去也。

又说道：

以见不见之形，抽不抽之绪，与万物相连也，其上也悬天，下也沦渊，纤也入藏，广也包畛。

又论天地人皆为玄所生，说道：

玄一摹而得乎天，故谓之有天；再摹而得乎地，故谓之有地；三摹而得乎人，故谓之有人。

《太玄》文词颇艰深，然雄的根本思想，不过如是。

（二）性说

扬子《法言》中，理学上所可取的，就是性说。从前孟子主性善，恶乃物欲所蔽。荀子主性恶，善为圣贤所导。孔子主性相近、习相远。扬雄则不然，说道："修身以为弓，矫思以为矢，立义以为的，奠而后发，发必中矣。人之性也善恶混，修其善则为善人，修其恶则为恶人，气也者，所适于善恶之马也。"又以性不可不修，说道："学者所以修性也，视听言貌思性所有也，学则正，否则邪。"雄的说性和告子说"性犹湍水，决东则东流，决西则西流"相同。韩愈曾驳斥，说道："尧之朱，舜之均，文王之管蔡，习非不善也，而卒为奸。瞽叟之舜，鲧之禹，习非不恶也，而卒为圣人。人之性，善恶果混乎？"不过司马光以为："子云所谓气，即孟子'志者气之帅，气者体之充'之气，气如所乘之马，马唯将帅之命是从，则御之不可不得其道。"愈和光固各有理由，然与雄的价值无足轻重。

第二章

后汉学术的经过

王莽篡汉，光武中兴，上行下效，捷于影响。一谶纬说大兴，二奖励名节，因王莽时诡谀风盛，光武急欲矫正，是以访求耆儒，卓茂擢为太傅，延聘周党、严光等，待以殊礼，所以终后汉一世，清节士人特多。此外继承前汉的学术，如老庄学、五行论、训诂学等。

前汉信奉老庄，后汉亦然，光武曾说："吾治天下，亦欲以柔道行之。"又马武上书请灭匈奴，帝告以黄石公记，说道："柔能胜刚，弱能胜强。"又太子曾谏光武，说道："陛下有禹汤之明，而失黄老养性之道。"又章帝末年，班超定西域，和帝时归国，曾戒都护任尚，说道："君性严急，水清无大鱼，宜荡佚简易。"又桓帝曾祀老子二次，又汉末钜鹿张角奉事黄老，以符咒疗病，号太平道人，遣弟子游四方，十余年间，徒众有数十万人。

五行有应用于《易》的，有应用于天命性道的；五行应用《易》，前汉已盛，沿至后汉，班固亦颇主张，如《汉书·律历志》："天以一生水，地以四生金，天以五生土。"郑玄又说："天止于五而地六成之。"不过郑氏的《易》传，今已不传。五行应用天命性道的，前汉有董仲舒、毛公、京房等，后汉班固亦颇主张，他所作《白虎通》说道："人本含六律五行气而生，故内有五脏六腑，此情性之所由出入也。"又《刑法志》："夫人肖天地之貌，怀五常之性，聪明精神，有生之最灵者也。"又《白虎通》："人情有五性，怀五常，不能自成。"其后郑玄作《中庸》注："天以阴阳五行化生万物，气以成形，而理亦赋焉，犹命令也。于是人物之生，因各得其所赋之理，以为健顺五常之德，所谓性也。"因此而五行应用于天命性道说更觉完备。宋周敦颐作《太极图说》："五行之生，各一其性，无极之真，二五之精，妙合而凝，乾道成男，坤道成女，二气交感，化生万物，万物生生而变化无穷焉，惟人也得其秀而最灵。"这可说是五行说的集大成了。

后汉训诂学家有名的，为马融和郑玄。马融，和帝时人，为经学大家，曾撰《忠经》，注《诗》《书》《易》等。郑玄为融弟子，字康成，先师京兆第五元，通《京氏易》《公羊春秋》《三统历》《九章算术》。又师东郡张恭祖，受《周官礼记》《左氏春秋》《韩诗》《古文尚书》。复西入关，事马融，在门下三年，辞归，融叹道："郑生今去，吾道东矣。"郑玄实通全经，能集前汉以来诸说之大成。谶纬说亦经他注释的甚多。后魏王肃颇反对玄的学说，肃就是伪作《孔子家语》的，他所作序，说道："郑氏学行五十岁矣，自肃成童始志于学，而学郑氏学矣？然寻文责实，考其上下义理不安，违错者多，是以夺而易之。然世未明其款情，谓其苟驳前师，以见异于人。乃慨然而叹曰：予岂好难哉，予不得已也。"附记肃的言论，以备参考。

后汉时代最当注意的，就是佛教的传来。在从前周时代，佛教已稍东渐，然以后汉明帝以后为最盛，明帝得异梦，因遣人往天竺求佛法，得四十二章经，和印度二僧到中国。桓帝时，译成《无量清净平等经》《般若三昧经》《阿閦佛经》等二十一部六十三卷，后安息国僧安清至雒阳，译经三十九部，这就是大乘经的开始。《稽古略》说："自永平至建安，缁素十二人，二百九十三部。"可见当时佛教的思潮和儒家学术思想的融合。后汉末译师辈出，佛教渐盛，译经总共有三百余部。

总之后汉时代，横在思想界深底的，就是老庄和五行论。还有发见在表面的，就是训诂学和印度佛教。因政治的社会的变动，致震荡人的心海，益形浮动而不可止。

第三章

魏晋南北朝隋学术的经过

魏晋以来，学风和思潮的经过，大都为厌世的。他的渊源，实由于汉以来政治的社会的现象，就是外戚宦官党锢权奸篡贼等祸患。继以八王构衅，五胡乱华，南北分立，汉夷两主，天下纷纷，致养成老庄厌世的观念。魏王弼、何晏等于老庄学徒，弄虚无恬淡的常谈，以漠视人生。夏侯玄、荀粲等竞尚清谈，亦主虚无。且以六经为圣人的糟粕，因此一般士大夫争相模仿，漫无礼法，世事一切置之度外，放言高论，全无顾虑，魏末的竹林七贤相会纵酒，不顾世事，就是当时的表演。魏亡晋继，傅玄见士风颓靡而上疏，裴頠因俗尚虚无而著论，此外如杜预注《左传》、张华著《博物志》，可说是当时绝无仅有的了。

（一）傅玄疏

臣闻先王之御天下，教化隆于上，清议行于下；近者魏武好法术，而天下贵刑名；魏文慕通达，而天下贱守节。其后纲维不摄，放诞盈朝，遂使天下无复清议。陛下隆兴受禅，弘尧舜之化，惟未举清远有礼之臣以敦风节，未退虚鄙之士以惩不恪，臣是以犹敢有言。

（二）裴頠崇有论

夫盈欲可损而未可绝有也，过用可节而未可谓无贵也，盖有讲言之具，深列有形之故，盛称空无之美；形器之故有征，空无之义难检，辩巧之文可悦，似象之言足惑，众听眩焉。……遂薄综世之务，贱功烈之用。……是以立言贵其虚无，谓之玄妙；处官不亲所司，谓之雅远；奉身散其廉操，谓之旷达；故砥砺之风，弥以陵迟，放者因斯，或悖吉凶之礼，而忽容止之表，渎弃长幼之序，混漫贵贱之级。……心非事也，而制事必由于心，然不可以制事以非事，谓心为无也。匠非器也，而制器必须于匠，然不可以制器以非器，谓匠非有也。

东晋偏安江左，人心厌世观念更甚，虚无放达的言论，不足安慰他们，于是遗世独立羽化登仙的思想因时而起。其间最出名的就是葛洪，洪字稚川，丹阳句容人，他的主张，就是隐居深山，呼吸天地清气，养神炼丹，作不死之药，访求神仙，思入不老不死的境界。又说："富贵利达有天命，得不足以为荣，失不足以为辱。"他的著作，为《神仙传》十卷，《隐逸传》十卷，《抱朴子》二编，其他杂著一百余卷。

汉末时佛教译经，总称三百余部。至三国康居国沙门康僧会到建康感得舍利说孙建，建大为感动，立建初寺，这就是江南佛教的开始。刘宋文帝时，迎跋摩到金陵，居祇洹寺，帝问道："朕欲斋戒不杀，然以御天下，未能得志。"跋摩对道："帝王所修与匹夫异。匹夫身贱名微，言令不威，倘不克己苦节，何以济用。帝王以四海为家，兆民为子，出一嘉言则士民感悦，布一善政则神人以和，刑不夭命，役不劳力，则风雨应时，百谷滋茂，以此持斋，持斋亦大矣，以此不杀，不杀亦至矣，宁在辍半日之餐，全一禽之命，然后为弘济耶？"梁武帝尤好佛教，率群臣道俗二万人起菩提心，北魏主亦深达佛理，为群臣讲《维摩经》，时洛阳沙门由西域来者三千余人，州郡僧众至二百余万。隋统一南北后，文帝隆兴佛法，度僧号五十万人，写佛经四十六藏十三万卷，造佛像六十万余，立寺塔五千余，译师二千余人，译经五百卷，当时佛教宗派，为鸠摩罗什的三论宗和成实宗，昙无识的涅槃宗，光统的地论宗，昙鸾的净土宗，达摩的禅宗，真谛的摄论宗和俱舍宗，智颛的天台宗。当时惟魏太武和周武帝不信佛教，颇加摧残，此外无有不信奉的。其故（一）由于人心喜新厌故，吾国学术思想，成为老生常谈，致佛教乘机而入。（二）魏晋清谈趋向玄理，佛教接近老庄，故流传愈广。（三）五胡十六国战争无已，厌世派日甚，皈依佛法僧的亦日多，故释教流行无碍。至其他原因从略。

当时有主张儒佛一致的，为晋孙绰。有主张道佛一致的，为齐顾欢。有主张儒道一致的，为齐谭峭。有主张儒佛道一致的，为宋张融、周颙和梁武帝。有推崇三教而稍分差别的，为隋李士谦，说道："佛，日也。道，月也。儒，五星也。"有不党道不偏儒不附老的，为隋王通，说道："三教于是可一矣。"王通字仲淹，河东龙门人，文帝时献太平策十二条，不能用，遂家居讲学，弟子甚众。唐初开国名臣，如房玄龄、杜如晦、魏征等多出其门。又仿六经作王氏六经，仿《论语》作《中说》；六经大都散失，《中说》恐系伪作。不过不能不说他是儒教的一大革命者，说道：

> 吾续《书》以存汉晋之实，续《诗》以辩六代之俗，修《元经》以断南朝之疑，赞《易》道以申先师之旨，正礼乐以旌后王之失，如斯而已矣。
>
> 政猛宁若恩，法速宁若缓，狱繁宁若简，臣主之际，其猜也宁信，执其中者，惟圣人乎？
>
> 或问佛，子曰："圣人也。"曰："其教何如？"子曰："西方之教也，中国则泥；轩车不可以适越，冠冕不可以之胡，古之道也。"
>
> 或问长生神仙之道，子曰："仁义不修，孝悌不立，奚为长生？甚矣人之无厌也。"
>
> 《诗》《书》盛而秦世灭，非仲尼之罪也。虚玄长而晋室乱，非老庄之罪也。斋戒修而梁国亡，非释迦之罪也。《易》不云乎？"苟非其人，道不虚行。"

他论三教最为持平，比较以前诸子确是特出。

第四章

唐代学术的经过

　　唐有天下，高祖即注意儒学，设学校以教导子弟，太宗即位，置弘文馆，聚书二十余万卷，增学生至二千二百六十人，学生明一经即得补官，当时日本、高句丽、新罗、百济、高昌、吐蕃都遣学生来学。又诏颜师古校正五经的谬误，命孔颖达和诸儒定《五经注疏》，称为《五经正义》，即《周易正义》十卷，用晋王弼、韩康伯注。《尚书正义》二十卷，用孔安国传。《毛诗正义》二十卷，用毛亨传、郑玄笺注。《礼记正义》六十三卷，用郑玄注。《春秋左传正义》六十卷，用杜预集解。从此以后，南北学派竞争渐息，众说一定。

　　唐时儒佛老并重，因唐和老子同姓，特尊老君为太上玄元皇帝。太宗又使玄奘至西域广求大乘经论，归后译本甚多，佛教大盛。除前述的晋以来九宗外，又开新派。就是慧光的律宗，玄奘的法相宗，杜顺的华严宗，善无畏金刚智的真言宗四宗。后地论宗并入华严宗，摄论宗并入法相宗，共合为十一宗。

　　唐代文教最盛，美术亦最发达，如韩柳的文，李杜的诗，褚欧颜柳的字，吴道子王摩诘的画，皆是历史上有声价的。惟理学独不发达，所可参考的，不过韩愈李翱二人，现记述于下。

第一节 韩愈

韩愈字退之,南阳人,曾官吏部侍郎,宋苏轼曾称道:"自东汉以来,道丧文弊,异端并起,历唐贞观开元之盛,辅以房杜姚宋而不能救;独韩文公起布衣谈笑而麾之,天下靡然从公,复归于正,盖三百年于此矣。文起八代之衰,而道济天下之溺。忠犯人主之怒,而勇夺三军之帅。岂非参天地,关盛衰,浩然而独存者乎?"这种称赞,可算佩服到五体投地。兹将韩愈的议论记下。

(一)正老佛说

愈作《原道篇》说:"老子之小仁义,非毁之也,其见者小也;坐井而观天,曰:天小者,非天小也,彼以煦煦为仁,孑孑为义,其小之也则宜。其所谓道,道其所道,非吾所谓道也,其所谓德,德其所德,非吾所谓德也。凡吾所谓道德云者,合仁与义言之也,天下之公言也。老子之所谓道德云者,去仁与义言之也,一人之私言也。""今其法曰:必弃而君臣,去而父子,禁而相生相养之道,以求其所谓清净寂灭者。呜呼!其亦幸而出于三代之后,不见黜于禹汤文武周公孔子也。""今其言曰:曷不为太古之无事,是亦责冬之裘者,曰:曷不为葛之之易也,责饥之食者,曰:曷不为饮之之易也。"曰:"不塞不流,不止不行,人其人,火其书,庐其居,明先王之道以道之,鳏寡孤独废疾者有养也,其亦庶乎其可也。"又《谏迎佛骨表》说:"伏以佛者夷狄之一法耳,自后汉流入中国,上古未尝有也。昔者黄帝在位百年,穆王在位百年,此时佛法亦未入中国,非因事佛而致然也。汉明帝时始有佛法,明帝在位才十八年耳,其后乱亡相继,运祚不长,宋齐梁陈元魏以下,事佛渐谨,年代尤促,惟梁武帝在位四十八年,前后三度舍身施佛,宗庙之祭,不用牲牢,昼旦食止于菜果,其后竟为侯景所灭,饿死台城,国亦寻灭,事佛求福,乃更得祸。由此观之,佛不足事,亦可知矣。"看了以上的议论,韩愈的排斥老佛,可算用尽心力,不过佛家的真正学说，他却未曾研究得到。

附唐高祖时傅奕上疏请除佛法以作参考，说道：

> 佛在西域，言妖路远，汉译胡书，恣其假托，使不忠不孝，削发而揖君亲，游手游食，易服以逃租赋，伪启三途，谬张六道，遂使愚迷，妄求功德，不惮科禁，轻犯宪章。且生死夭寿，由于自然，刑德威福，关之人生，贫富贵贱，功业所招，而愚僧矫诈，皆云由佛，窃人主之权，擅造化之力，其为害政，良可悲矣。自汉以前，初无佛法，君明臣忠，祚长年久，自立胡神，羌戎乱华，主庸臣佞，政虐祚短，梁武齐襄，足为明镜。

（二）道说

愈作《原道篇》说："博爱之谓仁，行而宜之之谓义，由是而之焉之谓道，足乎己无待于外之谓德。仁与义为定名，道与德为虚位，故道有君子小人，而德有凶有吉。""古之时人之害多矣，有圣人者立，然后教之以相生相养之道，为之君，为之师，驱其虫蛇禽兽而处之中土，寒然后为之衣，饥然后为之食，木处而颠，土处而病也，然后为之宫室，为之工以赡其器用，为之贾以通其有无，为之医药以济其夭死，为之葬埋祭祀以长其恩爱，为之礼以次其先后，为之乐以宣其湮郁，为之政以率其怠倦，为之刑以锄其强梗，相欺也为之符玺斗斛权衡以信之，相夺也为之城郭甲兵以守之，害至而为之备，患生而为之防。""夫所谓先王之教者何也？博爱之谓仁……其文《诗》《书》《易》《春秋》，其法礼乐刑政，其民士农工贾，其位君臣父子，师友宾主，昆弟夫妇，其服麻丝，其居宫室，其食粟米果蔬鱼肉，其为道易明，而其为教易行也。是故以之为己则顺而祥，以之为人则爱而公，以之为心则和而平，以之为天下国家，无所处而不当，是故生则得其情，死则尽其常，郊焉而天神假，庙焉而神鬼享，曰：斯道也，何道也？曰：斯吾所谓道也，非向所谓老与佛之道也。尧以是传之舜，舜以是传之禹，禹以是传之汤，汤以是传之文武周公，文武周公传之孔子，孔子传之孟轲，轲之死不得其传焉。荀与杨也择焉而不精，语焉而不详。"韩愈所讲的道是常道，是专对老佛而说的道，难道儒家相传中庸的道，不过如此么？

（三）性说

性三品说不始于韩愈而愈尤详，说道："性也者与生俱生也，情也者接于物而生也。性之品有三，而其所以为性者五。情之品有三，而其所以为情者七。曰：何也？性之品有上中下三，上焉者善焉而已矣，中焉者可导而上下也，下焉者恶焉而已矣。其所以为性者五，曰仁，曰礼，曰信，曰义，曰智，上焉者之于五也，主于一而行之四，中焉者之于五也，一不少有焉，则少反焉，其于四也混，下焉者之于五也，反于一而悖于四。性之于情视其品，情之品有上中下三，其所以为情者七，曰喜，曰怒，曰哀，曰惧，曰爱，曰恶，曰欲，上焉者之于七也，动而处中，中焉者之于七也，有所甚，有所亡，然而求合其中者也，下焉者之于七也，亡与甚直情而行者也。情之于性视其品。"韩愈说性确能面面俱到，不过稍涉肤浅，不成其为学理。

第二节　李翱

李翱字习之，宪宗时为国子博士修撰，曾从韩愈学为文，韩愈论性肤浅且不统一，又把性与情分别为二，致不能明白二者的关系。李翱讲性与情的关系，又精密，又明了，李翱的言论：（一）性善，（二）性恶，（三）性的动为情。这三种是他的根本思想。不过李翱《复性书》三篇中矛盾地方办不少。譬如一方说："情有善有不善。"一方又说："情者妄也邪也。"今把他的根本思想列下。

他的思想以为："性者清明者也，圣人与凡人无异，圣人如镜之无尘，寂然不昧，物至而应之，事至而知之，无不动者。尧舜举十六相非喜，放窜四凶非怒，中节而已。"李翱的观念，和《中庸》所说"不勉而中，不思而得，从容中道，圣人也"相近。《中庸》以诚为天地的本体，人性亦当作诚看，李翱的言性，亦从《中庸》来的，说道："清明之性，鉴于天地，非自外来也。"不过他又较《中庸》进一步，就是直接引用孟子所说的性善，那就是把《中庸》和《孟子》联合起来了。

他又以为："以情蔽清明之性者为凡人，情之于性，恰如云之于月。"这种观念，《中庸》恰未说到，好像佛家所说的"烦恼足以搅乱本性"，就是说人的清明本性，为情云所蔽而不表现。

他又说情与性的关系，"无性则情无所生矣，是情由性而生，情不自情，因性而情，性不自性，由情而明，性者天之命也，圣人得之而不惑者也，情者性之动也，百姓溺之而不能，知其本者也，圣人者岂其无情耶？圣人者寂然不动，不言而神，不耀而光，制作参乎天地，变化合乎阴阳，虽有情也，未尝有情也，然则百姓者岂其无性者耶，百姓之性，与圣人之性无差也，虽然情之所昏，交相攻伐，未始有穷，故虽终身而不能睹其性焉。"

他又说去邪以复本性的方法。"不思不虑则情不生，然不可失于静，有静必有动，有动必有静，动静不息，乃情也。当静之时，知心无思者，是斋戒其心者也。知本无思，而动静皆离，寂然不动者，是至静也。"

李翱的性说，颇像佛家烦恼菩提的观念。不过文中矛盾处甚多，且他的思想不可捉摸，论性到终了时，忽又说到心方面，就可见他思想的不确固。

第四编　近世理学史

第一章

宋代理学

有唐灭亡，五代梁唐晋汉周相继，不七十年，同归于尽。赵宋立国，理学勃兴，推其原因，（一）对于训诂的反动。从前汉唐两朝训诂的余风，至唐依然存在，仁宗时宋郊等上奏道："先策论，则文词者留心于治乱矣。……问大义，则执经者不专于记诵矣。"对于当时的弱点，极力指出，可知对于训诂的反动，已播满于当时的思想界，所以有学问的人物，如范仲淹、欧阳修、司马光、苏轼、王安石等，不专心致志于鲁鱼亥豕间，这是理学勃兴的第一原因。（二）佛学的流行。五代以来，佛教禅宗最流行，因乱时人往往不能安心立命，而禅宗适以高尚精神，弥补阙失。宋兴，仁宗好禅学，其他如欧阳修、司马光、苏氏父子、张商英等亦然，而周敦颐又为穷禅之客。禅宗不立文字主教的，观性就是观自己的精神，这种治心工夫，就是理学勃兴的第二原因。（三）学者有一种豪迈的气质。宋代学者往往自以为是天下第一流人物，如邵雍曾说道："仲尼后禹千五百余年，今之后仲尼又千五百余年，虽不敢比仲尼上赞尧舜，岂不敢比孟子上赞仲尼乎？"苏东坡赞六一居士道："欧阳子今之韩愈也。"程伊川为明道作行状道："先生生于千四百年之后，得不传之学于遗经。"这种气风，就是理学勃兴的第三原因。（四）理学的曙光发现。宋兴八十年，有胡安定、孙明复、石守道三先生出，讲明正学，师道自任，而安定尤能昌明正学，首先提倡教人，以身作则，所定科条很细密，分经义和治事两斋，经义斋所以明体，治事斋所以达用，后来人才辈出，因此而濂洛关闽诸儒相继而兴，这是理学勃兴的第四原因。现将理学勃兴的第一流人物列后。

第一节　周敦颐

周敦颐字茂叔，又号濂溪。景祐三年，充洪州分宁县主簿，悬狱立决，后调南安军司理参军。洛人程珦，见他气貌异于常人，且道高学粹，因和他友善，并令二子颢和颐就学于门。后又历任桂阳南昌等县，政声大著，务以洗冤泽民为自己的责任。因病归，居庐山莲花峰下，未几卒，年五十七，所著有《太极图》《太极图说》《通书》等。

（一）太极图说

敦颐说道："无极而太极。太极动而生阳，动极而静，静而生阴，静极复动，一动一静，互为其根，分阴分阳，两仪立焉，阳变阴合而生水、火、木、金、土，五气顺布，四时行也。五行一阴阳也，阴阳一太极也，太极本无极也，五行之生，各一其性。无极之真，二五之精，妙合而凝，乾道成男，坤道成女，二气交感，化生万物，万物生生而变化无穷焉。惟人也得其秀而最灵，形既生矣，神发知矣，五性感动而善恶分，万事出矣，圣人定之以中正仁义，主静，立人极焉。故圣人与天地合其德，日月合其明，四时合其序，鬼神合其吉凶，君子修之吉，小人悖之凶。故曰：'立天之道，曰阴与阳；立地之道，曰柔与刚；立人之道，曰仁与义。'又曰：'原始反终，故知死生之说。'大哉《易》也，斯其至矣。"他这种学问从哪里来的，朱震汉《上易传》说道："陈抟以《太极图》授种放，放授穆修，修授周子。"晁公武《读书志》以为周子受学于润州鹤林寺僧寿涯，传其《太极图》。陆梭山因《太极图说》和《通书》不类，疑不是周子所作的，常与朱晦庵辩论不休。朱彝尊《经义考》说道："夫《太极》一图，远本道书，图南陈氏演之为图，为四位五行；其中由下而上，初一曰：玄牝之门；次二曰：炼精化气，炼气化神；次三曰：五行定位，五气朝元；次四曰：阴阳配合，取坎填离；最上曰：炼神还虚，复归无极。故曰：无极图乃方士修炼之术。当时曾刊华山石壁，相传图南受之吕嵒，嵒受之锺离权，权得其说于魏伯阳，伯阳闻其旨于河上公，在道家未尝诩为千圣不传之秘。周子取而转《易》之为图，亦四位五行；其中由上而下，最上曰：无极而太极；次二曰：阴阳配合，阳动阴静；次三曰：五行定位，五行各一其性；次四曰：乾道成男，坤道成女；最下曰：化生万物。更名之曰《太极图》，仍不没无极之旨。"从此看来，《太极图》出于道家，而原于《易》教；所以周子就因此以明《易》。从古以来，最能说明宇宙和万物所以发生的道理，没有比《太极图说》再好的了，更没有比《太极图说》再简约的了；在他也不过推极阴阳消长的理由罢了。

（二）道德说

他主张性善。说道："诚者圣人之本。'大哉乾元，万物资始。'诚之源也。'乾道变化，各正性命。'诚斯立焉，纯粹至善者也。故曰：'一阴一阳之谓道，继之者善也，成之者性也。'元亨诚之通，利贞诚之复。大哉《易》也！性命之源乎！"他的诚就是《中庸》的诚，包括天道人道而言。又说道："圣，诚而已矣。诚，五常之本，百行之原也。静无而动有，至正而明达也；五常百行，非诚非也，邪暗塞也，故诚则无事矣，至易而行，难果而确，则无难焉。故曰：'一日克己复礼，天下归仁焉。'"可见不诚就无实理，能诚则实理全备，就是《中庸》所说"诚者，不勉而中，不思而得，从容中道，圣人也。"又说道："诚无为，几善恶。德爱曰仁，宜曰义，理曰礼，通曰智，守曰信。性焉安焉之谓圣，复焉执焉之谓贤，发微不可见、充周不可穷之谓神。"仁义礼智信五常，为人性所固有，发而中节是善，不中节是恶，所以说："诚无为，几善恶。"又说道："寂然不动者诚也，感而遂通者神也，动而未形有无之间者几也。诚精故明，神应故妙，几微故幽，诚神几曰圣人。"他形容圣人的德，为诚神几三种，这语气是从《易》得来。又说道："动而正曰道，用而和曰德；匪仁，匪义，匪礼，匪智，匪信，悉邪也；邪动辱也，甚焉害也，故君子慎动。"又说道："圣人之道，仁义中正而已矣。守之贵，行之利，廓之配天地，岂不易简，岂为难知，不守不行不廓耳。"这和《太极图说》"圣人定之以中正仁义而主静，立人极焉"相合。又说道："洪范曰：'思曰睿，睿作圣。'无思本也，思通用也，几动于彼，诚动于此，无思而无不通为圣人。不思则不能通微，不睿则不能无不通；是则无不通生于通微，通微生于思，故思者圣功之本，而吉凶之几也。"由思到无思的地位，无思就合于诚。故又说："士希贤，贤希圣，圣希天。"希贤希圣，亦是思的动作，所以思为圣功的根本。又或问："圣可学乎？"曰："可。"曰："有要乎？"曰："有。""请闻焉。"曰："一为要，一者无欲也，无欲则静虚动直；静虚则明，明则通，动直则公，公则溥；明、通、公、溥，庶矣乎？"朱子解释道："一即所谓太极，静虚即阴静，动直即阳动，明、通、公、溥，便是五行。"静虚无欲，颇近释老，今为儒者修养的根本，因他本为穷禅客，儒中带禅，是不消说的。

（三）政治说

政治以修身为根基。他说道："十室之邑，人人提耳而教且不及，况天下之广，兆民之众哉？曰：纯其心而已矣。仁义礼智四者，动静言貌视听无违之谓纯；心纯则贤才辅，贤才辅则天下治，纯心要矣，用贤急焉。"又说道："天以阳生万物，以阴成万物。生，仁也；成，义也。故圣人在上，以仁育万物；以义正万民。天道行而万物顺，圣德修而万民化；大顺大化，不见其迹，莫如其然，谓之神。

故天下之众，本在一人，道岂远乎哉？术岂多乎哉？"又说道："天以春生万物，以秋止之，物生不止则有恐，故得秋以成。圣人法天，以政养万民，以刑肃之，民欲动情胜，利害相攻不止，则贼灭而无伦，故得刑以治之。"又主张制礼乐以化醇万民。说道："古者圣王制礼乐而修教化，三纲正，九畴叙，百姓大和，万物咸顺，乃作乐以宣八风之气，以平天下之情，故乐声淡而不伤，和而不淫，入于其耳不感其心，淡且和也，淡则欲心平，和则躁心释，优柔平中，德之盛也，天下化中，治之至也，是谓道配天地。"

总之开宋儒的理学，就是这《太极图说》，因"无极而太极"一语，最能启发人的思想，所以学者多信服他。

第二节 邵雍

邵雍字尧夫，少时有大志。后历游吴楚齐鲁梁晋而归。李子才授以《图书》《先天象》《数图》，很多心得。略出仕，即托疾不出。治平间尧夫在天津桥上散步，闻杜鹃声，叹道："不二年南人入而为相，天下多事矣。"人问其故，说道："天气治时，地气由北而南，乱时由南而北，洛阳旧无杜鹃，今始至此，南方之地气至也，禽鸟飞类，得气之先者也。"及安石入相，他话果验。他在洛三十年，住很简陋。接人不分贵贱，人都乐就。他以学自任，说道："虽不敢比仲尼上赞尧舜，岂不敢比孟子上赞仲尼乎？"又说道："人惜仲尼无土，吾以为仲尼以万世为土，不以州域为土。"亦可以知道他的学问程度。他将死，对司马光说道："试与观化。"卒谥康节，张载、程颢、程颐等皆相交。著书有《皇极经世书》十二篇，以天地的理测度人世，所以名为《观物》。十二篇外有《观物外篇》二篇，乃门人手录。此外有《先天图》《渔樵问答》《无名公传》《伊川击壤集》等。他的理学可于《先天图》《观物内外篇》去求。他不反对老庄，和一般宋儒不同。不过很排斥佛氏，他的"图书先天象数学"，是由陈抟、种放、穆修、李之才递嬗而来。兹列举于下。

（一）先天学

他的学说，近于先天唯心论。说道："先天学，心法也。图皆从中起，万化万事，生于心也。"又说道："心为太极。"又解释太极道："太极不动，性也。发则神，神则数，数则象，象则器，器之变，复归于神也。"尧夫以为一切的法则，皆从吾心出，故宇宙的法则，就是我心的法则，把一切的法则约略说起来，就是《易系辞》所说："易有太极，是生两仪，两仪生四象，四象生八卦。"这很可作参考。不过就论理的观念讲，当然有时间的前后。所以他说道："万物各有太极两仪四象八卦之次，亦有古今之象。"和太极相应的有道，和两仪相应的有阴阳，和四象相应的有现象界。换句话讲，就是现象中有阴阳，阴阳中有道，道是目不能见、耳不能听的。他说道："道无形行之则见于事矣，如道路之道坦然，使千亿万年行之人知其归也。"又说道："无极之前，阴含阳也。有象之后，阳分阴也。"阴阳就是道，它的关系怎样？说道："如其必欲知仲尼之所以为仲尼，则舍天地将奚之焉？人皆知天地之为天地，不知天地之所以为天地，如其必欲知天地之所以为天地，则舍动静将奚之焉？夫一动一静者，天地至妙者欤！夫一动一静之间者，天地之至妙者欤！是故知仲尼之所以能尽三才之道者，谓其行无辙迹也；故有言曰：'予欲无言。'又曰：'天何言哉？四时行焉，百物生焉。'其斯之谓欤？"

（二）经世论

尧夫以现象界应四象，故现象由四数司配；因此对于世间万物，皆主张以四数行的。说道："善化天下者止于尽道，善教天下者止于尽德，善劝天下者止于尽功，善率天下者止于尽力。以道德功力为化者谓皇，以道德功力为教者谓帝，以道德功力为劝者谓王，以道德功力为率者谓伯。以化教劝率为道者谓《易》，以化教劝率为德者谓《书》，以化教劝率为功者谓《诗》，以化教劝率为力者谓《春秋》。"《易》《诗》《书》《春秋》为圣人之经。天之时不差则岁功成，圣经不差则君德成；天有常时，圣有常经，行之正时则正，行之邪时则邪，邪正由于人而不由于天，不可不谨也。""然有人力不及自然之变迁，尧舜禹汤，虽其心则一，而其迹自异，尧让于舜以德，舜让于禹以功，以德为帝，以功亦为帝，然下德一等时则入于功。汤伐桀以放，武伐纣以杀，以放为王，以杀亦为王，然下放一等时则入于杀。故时有消长，事有因革，前圣后圣，非出于一途也。""三皇为春，五帝为夏，三王为秋，五伯为冬。"更进一步说道："七国为冬之余冽；汉于王不足，晋于伯有余；三国为伯之雄者，十六国为国之丛者；南五代为伯之借而乘者，北五代为伯之传舍者；隋为晋之子，唐为汉之弟；隋季诸郡之伯，为江汉之余波；唐季诸镇之伯，为日月之余光；后五代之伯，为日未出之星。"他又以累积法发表因革的意见，说道："因而因者长而长，为千世之事业；因而革者长而消，为百世之事业；革而因者消而长，为十世之事业；革而革者消而消，为一世之事业；此即三皇五帝三王五伯之道。若夫可因而因，可革而革，为万世之事业，孔子之事也。孔子曰：'殷因于夏礼，所损益可知也；周因于殷礼，所损益可知也；其或继周者，虽百世可知也。'然因时而进，不止百世，虽亿万世可知也。"

（三）性说

尧夫讲性，亦主性善。说道："性者，道之形体也，性伤则道亦从之矣；心者，性之郛郭也，心伤则性亦从之矣；物者，身之舟车也，物伤则身亦从之矣。"又说道："性者，道之形体也，道妙而无形，性则仁义礼智具而体著矣。"这就是说性中具有仁义礼智，为性善说。又论性和情的区别："以物观物，性也；以我观物，情也；性公而明，情偏而暗。"又说道："任我则情，情则蔽，蔽则昏矣；因物则性，性则神，神则明矣；潜天潜地，不行而至，不为阴阳所摄者神也。"这就是程明道廓然大公物来顺应的意思。性无我，自能全性，并能处事。故说道："心一而不分，则能应万变；此君子所以虚心而不动也。"

又刘绚问无为，"尧夫说道：'时然后言，人不厌其言；乐然后笑，人不厌其笑；义然后取，人不厌其取。'此所谓无为也。"又论为学修身的重要，说道："君子之学，以润身为本；其治人应物皆余事也。"又说道："人必内重，内重则外轻；苟内轻，必外重；好名好利，无所不至。"又说学者的极功道："学不至于乐，不可谓之学。"又道："学不际天人，不足以谓之学。"他的见解极高，所以言论能超然自得。

第三节　张载

张载字子厚，大梁人，少时喜谈兵。年十八上书谒范仲淹，喜说道："儒者自有名教可乐，何事于兵。"即劝他读《中庸》，读后还不足，遂读释老等书，亦无所得，乃反求之《六经》。嘉祐初，到京师，见程明道兄弟，说到道学的重要，乃了解道："吾道自足，何事旁求。"于是尽弃异学。他原讲《易》，对学者道："今二程兄弟深明《易》道，可往师之，吾不及也。"即停讲。熙宁初，神宗召见，问治道，对以复三代。时王安石行新法，他不以为善，托疾归，终日独坐，且读且思，心有所得，虽中夜必起书。说道："吾学既得诸心，乃修其辞命，命辞无失，然后断事，吾乃沛然。"又告学者道："学必如圣人而后已。知人而不知天，求为贤人而不求为圣人，此秦汉以来之大蔽也。"他的学问以《易》为宗，以《中庸》为的，以《礼》为体，以孔孟为极。他深信《周礼》必可行于后世。说道："仁政必自经界始。经界不正，即贫富不均，教养无法，虽欲为治，牵架而已。"将与学者买田一方，画为数井，以研究三代遗法，未成而卒。所著有《正蒙》《经学理窟》《易说语录》《西铭》《东铭》等。

程子说道："世学胶固不通，故张子立太虚一大以激励之。"因子厚极有影响于宋初学风，而在程子等上。且他能发见老佛缺点，所以他排斥老子的虚无论，及释氏的见病论。

（一）太虚论

横渠的根本主义为太虚，太虚就是气，那个苍苍焉茫茫焉的都是气，故太虚为实在者。不过太虚应从两方面看，从自动的方面看时，他的中间有活动性，称为太和。从本性方面看时，其德为虚明。太虚凝聚的时候，就是物。故万物为太虚所变化的客形，而本体就是太虚。万物分散，则仍复归于本体的太虚。至中间有活动性，就是阴阳屈伸相感的性。研究这理就是《易》。《易》非本体论，乃专论法则的，所以圣人的书，"无尝说有无者"。惟万物从阴阳的原则而生，从未有两物相同的，且一物亦有阴阳左右。故说道："天下之物，无两个有相似者。"这和德国哲学家赖勃尼志（Leipnir，1646—1716）取两叶细看无相同处，极似。兹将横渠的原说录下。

> 太和所谓道，中涵浮沉升降相感之性，是生细缊相荡胜负屈伸之始，其来也几微易简，其究也广大坚固，起知于易者乾乎？效法于简者坤乎？散殊而可象为气，清运而不可象为神，不如野马细缊不足谓之太和。
>
> 气块然太虚，升降飞扬，未尝止息；《易》所谓细缊，庄生所谓生物以息相吹野马者与？此虚实动静之机，阴阳刚柔之始，浮而上者阳之清，降而下者阴之浊，其感遇聚散为风雨，为雪霜，万品之流形，山川之融结，糟粕煨烬，无非散也。
>
> 太虚无形气之本体，其聚其散，变化之客形尔。至静无感，性之渊源，有识有知，物交之客感尔。客感客形与无感无形，惟尽性者能一之。
>
> 天地之气，虽聚散攻取百涂，然其理也顺而不妄。气之为物，

散入无形，适得吾体，聚为有象，不失吾常。太虚不能无气，气不能不聚而为万物，万物不能不散而为太虚，循是出入，是皆不得已而然也。然则圣人尽道其间，兼体而不累者，存神其至矣；彼语寂灭者往而不反，徇生执有者物而不化，二者虽有间矣，以言夫失道则均焉。聚亦吾体，散亦吾体，知死之不亡者，可与言性矣。

知虚空即气，则有无隐显，神化性命，通一无二，顾聚散出入形不形，能推本所从来，则深于《易》者也。若谓虚能生气，则虚无穷，气有限，体用殊绝，入老氏有生于无自然之论，不识所谓有无混一之常。若谓万象为太虚中所见之物，则物与虚不相资，形自形，性自性，形性天人不相待，而有陷于浮屠以山河大地为见病之说。此道不明，正由懵者略知体虚空为性，不知本天道为用，反以人见之小，因缘天地，明有不尽，则诬世界乾坤为幻化幽明，不能举其要，遂躐等妄意而然。不晤一阴一阳，范围天地，通乎昼夜，三极太中之举，遂使儒佛老庄，混然一涂；语天道性命者，不罔于恍惚梦幻则定以有生于无，为穷高极微之论；入德之途，不知择而求，多见其蔽于诐而陷于淫矣。

气之聚散于太虚，犹冰凝释于水，知太虚即气，则无无。故圣人语性与天道之极，尽于参伍之神，变易而已。诸子浅妄，有有无之分，非穷理之学也。

由太虚有天之名，由气化有道之名，合虚与气有性之名，合性与知觉有心之名。

横渠解释鬼神，和"鬼者归也，神者伸也；气之伸者为神，气之屈者为鬼""人死，肉归于土，血归于水，骨归于石，魂升于天"等话略同。说道："鬼神者，二气之良能也。圣者至神得天之谓，神者太虚妙应之目。凡天地法象，皆神化糟粕尔。天道不穷，寒暑已；众动不穷，屈伸已。鬼神之实，不越二端而已矣。"又道："鬼神往来屈伸之义，故天曰神，地曰示，人曰鬼。"可知鬼神就是阴阳二气。古人注重祭祀，正因见阴阳造化神妙无穷的缘故。

横渠的世界观为一元的，和万物互相贯通。他所假定的以太虚为本体，本体在空间内，故为一元的。而其立脚地为经验的，故非形而上的，为形而下的。所以他为纯粹的模范的唯物论者。

（二）性说

横渠立一元的世界观，以太虚为其根本主义。一切万物皆是太虚的客形，人亦是太虚凝聚的。太虚的性为虚明，故人的性亦虚明，这是本然的。惟太虚凝聚的时候，有清有浊，故各人的气质，亦不能相同。横渠又以虚附带弘大之意义。说道："天地以虚为德。虚即至善，而为仁所发。忠恕与仁俱发者，而礼义为仁之用。"各人的气质，由气的清浊而成。故如草木亦有气质，惟不能均齐。而教育的重要，就能变化气质。气质有分别，就有我的所以然。气质变却的时候，就非我；非我就与天同一。太虚凝聚而成人，故人的本性为虚明。虽然人有知有识，这不过与物相接触的关系。

横渠关于心的见解，说道："合性与知觉有心之名。""心说性情者也。""太虚者心之实也。"他以心为太虚所凝聚，触物而生知觉。说道："人本无心，因物为心。"又说道："不可以闻见为心，若以闻见为心时，天下之物，一一不可闻见，毕竟心为小者。如心合于太虚，心既虚时则公平，公平时是非较然可见，可为不可为之事可自知也。"因为太虚含蓄一切的理，故人心虚明时，太虚的理法历历可见。

横渠关于礼的见解，说道："一切万物之生成，有一定之秩序，此即礼也。故礼即道也，道为太虚中所含蓄者，由是观之，礼非出于人而出于天者。出于天者是决不可变，在天为天序天秩，在人为尊卑长幼，守之即所以守礼；惟太虚为物之性，故守礼即所以持性，持性即所以反本。故未成性之时，须以礼守之。"兹将横渠说性的话录下。

　　形而后有气质之性，善反之则天地之性存焉，故气质之性，君子有弗性者焉。盖天命之所流行，赋与万物而纯粹至善者，曰天地之性。气聚成形，其气有纯驳偏正之异者，曰气质之性。若能变化气质，则天地不失其初，而能复于本然之善矣。然本然之性，非离气质而别存；气质之性，亦非纯出于恶；惟气质有所杂糅，故不能一于善耳。学者当变化其气质之恶以进于善，又当充其所谓善者焉。故曰：人之刚柔缓急，有才与不才，气之偏也；天本参和不偏，养其气反之本而不偏，则尽性而天矣；性未成则善恶混，故亹亹而继善者，斯为善矣；恶尽去则善因以亡，故舍曰善，而曰成之者性。

湛一气之本，攻取气之欲。口腹于饮食，鼻舌于臭味，皆攻取之性也。知德者属厌而已，不以嗜欲累其心，不以小害大，不以末丧本焉尔。

德不胜气，性命于气。德胜其气，性命于德。穷理尽性，则性天德，命天理，气之不可变者，独死生修夭而已。故论死生则曰有命，以言其气也。语富贵则曰在天，以言其理也。此大德之所以必受命，易简理得而成位乎天地之中也。

为学大益，在自能变化气质，不尔卒无所发明，不得见圣人之奥。故学者先须变化气质，变化气质，与虚心相表里。

变化气质，孟子曰："居移气，养移体，况居天下之广居者乎？"居仁由义，自然心和而体正，更要约时，但拂去旧日所为，使动作皆中礼，则气质自然全好。《礼》曰："心广体胖。"心既弘大，自然舒大而乐也。若心但能弘大，不谨敬则不立。若但能谨敬，而心不弘大则入于隘。须宽而敬，大抵有诸中者必形诸外，故君子心和则气和，心正则气正；其始也固亦须矜持。古之为冠者以重其首，为履者以重其足，至于盘盂几杖为铭，皆以慎戒之。

横渠以太虚为根本主义，解释宇宙一切现象，并以礼立修身基础，以复性之虚明，希望和太虚混同一体。思想明白，绝少矛盾，是不可多得的。

第四节　程颢

程颢字伯淳，河南人，十五岁时同弟颐就周茂叔而问学，慨然有求道的志愿。中进士后为晋城令，告民以孝弟忠信，各乡皆设学校，十余年野陋的晋城有衣儒服的数百人。神宗召见，对道："人主当防未萌之欲。"时王安石为相，颢曾赴中堂议事，安石正发怒，颢说道："天下事非一家私议，愿公平气以听。"卒后，文彦博题其墓，称明道先生。著作独《语录》一书载其学说，现尚有《二程全书》，明道尝说道："异日能使师道尊严者，吾弟也。"伊川亦说道："我昔为明道先生行状，我道盖与明道同，异时欲知我者，求之此文可也。"

宋代学术勃兴，然能得孔子真意的，惟程明道。伊川作明道行状，说道："先生生千四百年之后，得不传之学于遗经。"又说道："先生为学，自十五六时，闻汝南周茂叔论道，遂厌科举之业，慨然有求道之志，未知其要，泛滥于诸家，出入于老释者几十岁，返求诸《六经》而后得之。"明道学问根柢，于《易》最深，说道："圣人用意深处，全在《系辞》。《诗》《书》乃格言。"又说道："'生生之谓易'，是天之所以为道也。天只是以生为道，继此生理者只是善，便有一个元的意思。'元者善之长'，万物皆有春意，便是'继之者善也，成之者性也'，成却待万物自成，其性须得。"又以元为元气，即是善。说道："'一阴一阳之谓道'，自然之道也。'继之者善也'，有道则有用。'元者善之长也'，成之者却只是性，各正性命也。故曰：'仁者见之谓之仁，智者见之谓之智。'"又说道："仁者体也，义者用也。"以仁为万物的本性，即此可见。

（一）宇宙论

明道的宇宙虽从《易》得来，不过从未用过"太极"二字，但以乾元气为宇宙的根本。说道："天地之大德曰生。天地纲缊，万物化醇。"不过阴阳二气须相待而成，故又说道："独阴不成，独阳不生。""地气不上腾，则天气不下降。天气降至地，地中生物皆天气，惟无成代有终者地道。""万物本于天。""万物成形于地。"所以明道的宇宙万物发生说，可称他为乾元一气说。无论人类禽兽草木，都是乾元一气所生。不过二气交感有偏正的差别。他说道："人与物但气有偏正，得阴阳之变者，为鸟、兽、草、木、夷、狄；受正气者为人。""天地间非独人为至灵，自家心便是草、木、鸟、兽之心；但人受天地之中以生。"明道以宇宙万物皆阴阳二气所生，而二气的形迹互相对待。说道："天地万物，无独有待，皆自然而然。"又说道:"万物莫不有对,一阴一阳,一善一恶,阳长则阴消,善增则恶减。"又说道:"事有善有恶,皆天地也;天地中物须有善恶;盖物之不齐,物之情也;但当察之,不可自入于恶,流为一物。"又说道:"天下善恶皆天理,谓之恶者非本恶,但或过,或不及,便如此,如杨墨之类。"又说:"横渠立清虚一大为万物之源,有所未安,须兼清浊虚实,乃可言神也。"明道所讲的善恶,是从过、不及而来,是互相对待的。因世界上有善有恶,如小、大、厚、薄、长、短、清、浊等,皆是对待的;倘强为齐同,是违背天理,误解宇宙的真相,乃吾人所当注意的。

(二) 性说

明道说:"生之谓性。性即气,气即性,生之谓也。"明道以为万物都受乾元一气而生,有生都有气,受气都有性。人性虽较万物为善,然仍是相对的善。人类万物的善恶,本来不齐,乃宇宙的真相。故不说性有清虚绝对的性。"人生气禀,理有善恶,然不是性中元有此两物相对而生也,有自幼而善,有自幼而恶,是气禀然也。"宇宙的真相就是理,善就是中节,恶就是过不及;无善则无恶,无恶则无善,不是二物,与扬雄性善恶混说不同。"善固性也,然恶亦不可不谓之性也。"人受气即有性,故善恶皆是性。这话明道最易受人攻击。"盖生之谓性,人生而静以上不容说,才说性时,便已不是性也。凡人说性,只是说继之者善也。孟子言人性善是也。"人生而静,善与恶皆无从说起。明道说性即气,气即性,乃气质之性,未说到本然之性,故可言善恶。《易》说:"继之者善。"孟子说人性善,皆是此类。"夫所谓继之者善也,犹水流而就下也。皆水也,有流而至海,终无所污,此何烦人力之为也,有流而未远,固已渐浊;有出而甚远,方有所浊。有浊之多者,有浊之少者,清浊虽不同,然不可以浊者不为水也。如此则人不可以不加澄治之功,故用力敏勇则疾清,用力缓怠则迟清;及其清也,则却只是元初水也,亦不是将清来换却浊,亦不是取出浊来置在一隅也。水之清则性善之谓也，固不是善与恶在性中为两物相对，各自出来，此理天命也，顺而循之，则道也；循此而修之，各得其分，则教也。"这单以下流水作譬喻，以表明善恶发动的不同。和孟子所说"人性之善也，犹水之就下也"不可作一样解释。且善恶均非绝对的，是相对的，和水一样，浊的仍可以使清。水浊复清，只须澄治，性恶复善，只须循修；天命和道教皆不可忽略。

明道和横渠论定性功夫，说道："所谓定者，动亦定，静亦定；无将迎，无内外；苟以外物为外，牵己从之，是以己性为有内外；且以己性为随物于外，则当其在外时，何者为在内，是有意绝外诱，不知性无内外也；既以内外为二本，则又恶可遽语定哉？夫天地之常，以其心普万物而无心。圣人之常，以其情顺万物而无情。故君子之学，莫若廓然而大公，物来而顺应。"明道说性无内外，是能超越客观主观，而为绝对的。定性无动静，廓然大公，物来顺应，他的度量可见了。

明道以为仁就是元气，就是性，是绝对的。不过性是从元气静的方面看，仁是从元气动的方面看，说道："仁者浑然与物同体，义、礼、智、信，皆仁也。"又以医为譬喻，"医书以手足痿痹为不仁，此言最善名状；仁者以天地万物为一体，莫非己也。手足不仁时，身体之气不贯，不属于己；故博施济众，为圣人之功用。"仁与宇宙一贯，有绝对的意，说道："若夫至仁，则天地为一身；而天地之间，品物万形，为四肢百体。夫人岂有视四肢百体而不爱者哉？圣人仁之至也，独能体斯心而已，曷尝支离多端而求之自外乎？故能近取譬者，仲尼所以示子贡求仁之方也。医书以手足风顽谓之四体不仁，为其疾痛不以累心故也；夫手足在我，而疾痛不与知焉，非不忍而何？世之忍心无恩者，其自弃亦若是而已。"这话最为适切。又明道《识仁篇》说道："学者须先识仁，仁者浑然与物同体，义、礼、智、信，皆仁也；识得此理，以诚敬存之而已；不须防检，不须穷索，若心懈则有防心，苟不懈，何防之有？理有未得，故须穷索，存久自明，安待穷索？此道与物无对，大不足以明之，天地之用，皆我之用；孟子言，'万物皆备于我'，须'反身而诚'，乃为大乐；若反身未诚，则犹是二物有对，以己合彼，终未有之，又安得乐。订顽意思，乃备言此体，以此意存之，更有何事？必有事焉而勿正，心勿忘，勿助长，未尝致纤毫之力，此其存之之道，若存得便合有得；盖良知良能，元不丧失，以昔日习心未除，却须存习此心，久则可夺旧习，此理至约，惟患不能守，既能体之而乐，亦不患不能守也。"这主张识仁，非有存养的功不可。

明道心的见解，有人心道心的分别，心就是元气为人身主宰。"故道心言其本性，则为天理。"天理就是道，道就是性，故说道："道即性也，若道外寻性，性外寻道，便不是圣贤论天德。"又说道："人心莫不有知，惟人欲蔽时，至忘天德。"可知人欲去时，心就是天理。他说道："曾子易箦之意，心是理，理是心，声为律，身为度也。"明道所说的天理，就是性，就是元气，所以心亦是元气。惟人心不能无欲，怎样去法？说道："只闻人说善言者，为敬其心也，故视而不见，听而不闻，主于一也。主于内则外不失敬，便心虚故也，必有事焉不忘不要，施之重便不好，敬其心，乃至不接视听，此学者之事也，始学岂可不自此去，至圣人则自从心所欲，不逾矩。"这就是初学者执心的要道。明道又主张尚敬，说道："敬即便是礼，无己可克。"又说道："主一无适，敬以直内，便有浩然之气；浩然须要实识，得他刚大直，不习无不利。"这就是说敬能发现天然的妙质。欲防人欲的害，学问最要。他说道："学者须学文，知道者进德而已，有德则不习无不利，未有学养子而后嫁，盖先得是道矣。学文之功，学得一事是一事，二事是二事，触类至于百千至穷尽，亦只是不是德，有德者不如是。故此言可为知道者言，不可为学者言，如心得之，则施于四体，四体不言而喻；譬如学书，若未得者，须心手相须而学，苟得矣，下笔便能书，不必积学。"

性绝内外，故吾人的心不动而静，就能洞察是非，不以我为喜怒，从于物而喜怒。欲明此意，试看《定性书》后半："夫天地之心，以其心普万物而无心；圣人之常，以其情顺万事而无情；故君子之学，莫若廓然而大公，物来而顺应。《易》曰：'憧憧往来，朋从尔思。'苟规规于外诱之除，将见灭于东而生于西也；非惟日之不足，顾其端无穷，不可得而除也。人之情各有所蔽，故不能适道，大率患在于自私而用智，自私则不能以有为为应迹，用智则不能以明觉为自然。今以恶外物之心，而永照无物之地，是反鉴而索照也，《易》曰：'艮其背，不获其身；行其庭，不见其人。'孟子曰：'所恶于智者，为其凿也。'与其非外而是内，不若内外之两忘也，两忘则澄然无事矣；无事则定，定则明，明则尚何应物之为累哉？圣人之喜，以物之当喜；圣人之怒，以物之当怒；是圣人之喜怒，不系于心而系于物也；是则圣人岂不应于物哉？乌得以从物者为非，而更求在内者为是也；今以自私用智之喜怒，而视圣人喜怒之正为何如哉？"又说道："夫人之情易发而难制者，惟怒为甚；第能于怒时遽忘其怒，而观理之是非，亦可见外诱之不足恶，而于道亦思过半矣。"这是以客观的理，制主观的情，乃明道防怒的方法。

明道的性说，是随万物固有的性，各得其所，万物各自完备，如鸟的营巢，蜘蛛的结网，皆能自然得生成之道；今人能生成于社会，就是率性的缘故，不可不知。

第五节　程颐

程颐字正叔，居伊水上，故称伊川先生。少明道一岁，十八岁上仁宗书，劝以王道为心。游太学时，胡安定试诸生，见伊川论大惊，延见授学职，治平熙宁间屡不应荐。元祐初和苏东坡同居经筵，东坡喜谐谑，伊川守礼法，东坡常嘲他，二人遂不合，门下互诽谤，分洛、蜀两党。未几伊川罢官，即死。伊川接学者严毅，曾闭目静坐，游酢杨时侍立不去，伊川张目说道："日暮矣，姑就舍。"游杨退，不料门外已雪深三尺，称为"程门立雪"。嘉定十三年，赐谥正公，所著有《易传》四卷，《宋志》九卷，诗文数十篇。欲研究他的理学，有《语录》一书。他和兄学问相同，但兄为人温和，他颇严肃，因此而学说稍稍不同。

（一）宇宙论

伊川和明道的学说，明道为综合的，伊川为分析的；后来继承综合派的为陆王二子，继承分析派的为朱晦庵。明道的宇宙论为气一元说，伊川为理气二元说，晦庵尤为显著。伊川说道："离了阴阳便无道。所以阴阳者是道也，阴阳气也，气是形而下者，道是形而上者，形而上者则是理也。"这就是说道即理。又说道："天地之道，至顺而已矣；大人先天不违，亦顺理而已矣。"理与气虽有形上形下的分别，然亦并不分离；故伊川又说道："有理则有气，有气则有理；鬼神者数也，数者气之用也。"这显然以理气二元说宇宙造化，且先理后气，开晦庵二元论的先声。又说道："物之名义，与气理贯通；夫天之所以为天，本何为哉？苍苍焉耳矣，其所以名之曰天，盖自然之理也；名出于理，音出于气，宇宙由是不可胜穷矣。"这就是说理为万物所同，不过气有清、浊、厚、薄的分别，以名喻理的一致，以音喻气的分殊。又说道："天、地、日、月，其理一致，月受日光而不为亏，月之光乃日之光也；地气不上腾，天气不下降，天气下降，至于地中，生育万物者，乃天之气也。"这是借日月二物以譬喻理能通于万物。伊川论天地化育，说明道生万物，实本于自然，说道："一阴一阳之谓道；道非阴阳也，所以一阴一阳道也。"又说道："道则自然生万物，今夫春生夏长了一番，皆是道之生；后来之生成不可道，却将既生之气，后来却要生长；道则自然不息。"这是说道虽出于自然，然仍日新又新，生生不已。又申说道："真元之气，气之所由生，不与外气相杂，但以外气涵养而已。若鱼之在水，鱼之性命非是水为之，但必以水涵养，鱼乃得生耳。人居天地气中，与鱼在水无异；至于饮食之费，皆是外气涵养之道。出入之息者，阖辟之机而已，所出之息，非所入之气，但真元自能生气；所入之气，正当辟时随之而入，非假之以助真元也。若谓既反之气，复将为方伸之气，必资于此，则殊与天地之化不相似；天地之化，自然生生不穷，更复何资于既毙之形，既返之气，以为造化。近取诸身，其开辟往来，见之鼻息，然不必须假吸复入以为呼气，则自然生。人气之生，生于真元，天地之气，亦自然生生不穷；至如海水阳盛而涸，及阴盛而生，亦不是将已涸之气却生水，自然能生；往来屈伸，只是理也。盛则便有衰，昼则便有夜，往则便有来。天地中如洪炉，何物不销铄。"伊川所说真元，就是理；气为理所生，理生生不已，故气自然不穷，并非前气复为后气。又说阴阳变化无穷的妙用道："天行健，不留一息，令人疑其速，然密察寒暑之变，却觉其迟。"又说道："阴阳二气，变化而生万物，则虽一物不能相同；一叶犹有左右表里，各不相同，万变不齐之状，虽巧于数者，不能穷计。"又说道："天地之化，既是二物，必动已不齐；譬之两扇磨行，便其齿齐不得，齿齐既动，则物之出者何可得齐，转则齿更不复得齐，从此参差万变，巧历不能穷也。"又说道："天地交而万物生，于中纯气为人，繁气为物。"伊川的宇宙论大概如是。

（二）性说

明道不能说明性恶的由来，然曾讲过"人生气禀，理有善恶"。伊川复明说为人性皆善，不过气有清浊，禀清气生的为善人，禀浊气生的为恶人。而性就是理，有善恶的为才。说道："性出于天，才出于气；气清则才清，气浊则才浊；才出有不善，性则无不善。"更说明的普遍善，其言道："性无不善，而有不善者才也；性即是理，理则自尧舜至于途人一也。才禀于气，气有清浊，禀其清者为贤，禀其浊者为愚。"理与气分得清楚，性善论可算成立，这就是宋儒理气的渊源，不可不知。

性就是理，非抽象的，非形式的，乃力学的；故性发动的时候就是情。性是善的，惟情须得其宜，不过不能说情是不善的。有人以性善情不善问伊川，说道："情者性动也，要归之正而已，亦何得以不善名之。"又说道："性即理也，天下之理，原其所自，未有不善。喜怒哀乐未发，何尝有不善；发而中节，则无往而不善。"未发就是性未见于外，既发就是性已见于外，已见就有善和不善的分别。

伊川又说性就是心，说道："孟子曰：'尽其心者，知其性也。'

心，即性也。"惟心和性怎样不同？说道："在天为命，在义为理，在人为性，主于身为心，一也。"惟命与性与理与心，皆不能离乎道；道为活动的，为万物生成之本体，故心为人的生道。"心，生道也，有是形心即具是形以生；恻隐之心，人之生道也。"心为绝对的，故又说道："一人之心，即天地之心。"心通共通的基础，以说明万物感通的理，说道："在此而梦彼，心感通也；已死而梦见，理感通也；感通明时，焉知远近生死今古之别哉？杨定鬼神之说，其能外于是哉？"心为本体，具备万理。说道："冲漠无朕，万象森然已具；未应不是先，已应不是后，如百尺之木，自根本至枝叶，皆是一贯，不可道上面一段事，无形无兆，却待人施安排，引入来教入涂辙。"这句话他就是说理备于心，但并不在内；可蹈而行，也不在外；因为冲漠而无形迹可见。总之理就是日用彝伦之道，从洒扫应对至忠孝一切皆是。此外尚有其他性说列下。

> 天地储精，得五行之秀者为人。其本也真而静，其未发也五性具焉；形既生矣，外物触其形而动于中矣；其中动而七情出焉，曰：喜、怒、哀、惧、爱、恶、欲，情既炽而益荡，其性凿矣。

> 性字不可一概论，"生之谓性"，止训所禀受也。"天命之谓性"，此言性之理也。今人言天性柔缓，天性刚急，言天成皆生来如此，此训所禀受也。

> "性相近也。"性一也，何以言相近？曰：此只言气质之性也，如俗言性急性缓之类；性安有缓急，此言性者，生之谓性也。

> 论性不论气不备，论气不论性不明。

> 孟子言性之善，是性之本。孔子言性相近，谓其禀受处不相远也。

伊川分别性与气很清楚，气为形而下的，性为形而上的。又为力学的，其立脚点为二元论，虽以性与心同一，以成冲漠无朕说，然决不能以心生成宇宙之万物，这是和明道的一元论不同处。明道所说的性，就是元气。

伊川因气有清浊，故人的修养，就是去浊，说道："气有清浊，性则无不善；养孟子所养之气，达于至极之点，则清明纯全，而去所昏塞之恶。"又说道："致知在所养，养知莫过于寡欲二字。"寡欲则知能灵明，就是性能灵明。

伊川的穷理说："积个个之穷理，然后脱然而有所了；仅着目一个事，不可以终穷理之效。"这是伊川的根本思想，穷理的方法，"一曰：读书讲明文理。二曰：论古今人物而别其是非。三曰：应接事物而处其当。"他说穷理工夫："须是识在所行之先，譬如行路，须得光照。"伊川所说穷理，是属于见闻之智呢？是属于理性之智呢？不可不知。兹将伊川的格物致知说列下。

进学则在致知。

学莫大于致知。

"致知在格物。"格，至也；如祖考来格之格。凡一物有一理，须是穷致其理。

穷理即是格物，格物即是致知。或问："格物须物物而格，抑格一物可通众理？"答曰："怎生便会该通，若只格一物便通众理，虽颜子亦不敢如此道。须是今日格一件，明日又格一件，积习既多，然后脱然自有贯通处。"

见闻之知，非德性之知，物交物则知之非内也，今之所谓博物多能者是也。德性之知，不假见闻。

知者吾之所固有，然不致则不能得之，而致知必有道；故曰："致知在格物。"

"致知在格物。"非有外铄我也，我固有之也；因物有变迁而不知，则天理灭矣；故圣人欲格之。

万物皆有良能，常见禽鸟中做得窠子，极有巧妙处，是他良能，不待学也；人初生，只有吃乳一事不是学，其他皆是学，人只为知多害之也。

知出于人之性，人之为知，或入还巧伪，而老庄之徒，遂欲弃知，是岂性之罪也哉！孟子言："所恶于知者，为其凿也。"

见闻之知，就是普通智识。德性之知，就是天赋良知。扩充良知，就是致良知。伊川为王阳明的先驱，诚不可及。

伊川的知行合一说："耳目之识，不足以发于行，真心知了后，始得发于行。蒙一度虎啮牙之害者，闻虎名则神色忽变；然未感啮牙之痛者，虽未尝不知虎之恐，但不如彼之神色忽变。又如脍炙，贵公子野人均知其美味，然贵人闻其名，则生好之之色，野人则不然。学者之真知亦如此。夫勉强合于道而行动者，决不能永续。人之性本善，循理而行顺；是故烛理明者，则自然循理而行动为至乐。"此外尚有知行合一说列下。

> 知至则当至之，知终则当遂终之，须以知为本。知之深则行之必至，无有知之而不能行者。知而不能行，只是知得浅；虽饥不食乌喙，人不蹈水火，只是知也；人为不善，只是不知。
>
> 君子以识为本，行次之。今有人焉，力能行之，而识不足以知之，则有异端者出，彼将流宕而不知反，内不知好恶，外不知是非，虽有尾生之信，曾参之孝，吾弗贵矣。

伊川和王阳明的知行合一说，阳明注重行，伊川则注重知，和西哲梭格拉底相同。

伊川的居敬说："欲屏去闻见知思，固为不可，惟忧思虑纷乱时，须坐禅入定；我心明如镜，不得不交感于万物，即不能无思虑。若欲免之，惟此心要有主，所谓主者敬也，敬者主一无适之谓也，人心不可二用，用于一事，则不能入他事，今习练主一无适，则思虑纷乱之患自然消灭。《易》所谓'敬以直内，义以方外'云者，直内者，主一之义，不欺不慢，不愧屋漏，皆敬之事也；但存此敬而涵养时，自然天理明也。"这话和明道很相同。此外尚有居敬说列下。

> 涵养须用敬，进学则在致知。
>
> 切要之道，无如"敬以直内"。
>
> 敬则无己可克，学者始则须绝四。
>
> 闲邪即诚自存，不是外面提一个诚将来存着；今人外面役役于不善，于不善中寻个善来存着，如此则岂有入善之理。
>
> 但惟是动容貌，整思虑，则自然生敬；敬只是主一也，主一则既不之东，又不之西，如是则只是中。

威仪严肃，非敬之道，但致敬须从此入。

敬是闲邪之道，"闲邪存其诚"，然亦只是一事，闲邪则诚自存矣。天下有一个善，一个恶，去善即是恶，去恶即是善。

明道和伊川不同，明道为一元论，一元就是道心，修为的目的，就是排除道心的邪恶。伊川为二元论，就是性和气，气有清有浊，故穷理功夫不可少。所以明道为悟脱的，伊川为穷理的。后来朱晦庵绍述伊川，而伊川穷理说，为象山勃起的原因；知行合一说，为阳明勃起的原因。

第六节　程学后继

明道和伊川理论不同，然门户未分，且在同一家内教授门人，故不称为明道的或伊川的门人，而称为程学的门人。程门所重在修养，因兄弟稍有不同，故学风因而不同。明道说道心就是性，就是元气，其风简易笃实。伊川分性和气，稍觉繁琐。因此而门人各就性质所近以遵守，其中著名的不少，以谢上蔡、杨龟山能开发二程思想的所在，深得以心传心的妙处。

（一）谢良佐

谢良佐字显道，寿阳上蔡人，因号上蔡。从明道学，明道说："此子展拓得开，将来可望。"后复从伊川学，伊川问他所进，上蔡道："但去得一矜字耳。"伊川道："此所谓切问而近思者也。"元丰八年，登进士，上蔡与胡文定公书说道："儒之异于禅者，正在下学之处，颜子之功夫，真百世之轨范也；舍此应无入路，无住宅，二三十年不觉虚过矣。"所著有《论语说》，可见到他思想的，有《上蔡语录》，为后陆象山的前驱。

上蔡的思想，从明道的简易学风而得，以心为中心。说道："心者何也？仁是已；仁者何也？活者为仁，死者为不仁。"与明道所说仁为元气为性为道心不同。又说道："今人身体麻痹不知痛痒，谓之不仁；桃杏之核可种而生者，谓之桃仁杏仁，有生之意；推此而仁可见矣。"与伊川分析心与仁大不同。伊川说："心譬如谷种，生之意便是仁，阳气发处乃为情。"可见上蔡近明道而远伊川。兹将上蔡的学说列下。

> 学佛者知此谓之见性，遂以为了，故终归妄诞。圣门学者，见此消息，必加功焉。故曰"回虽不敏，请事斯语矣""雍虽不敏，请事斯语矣"，仁"操则存，舍则亡"。
>
> 仁者天之理，非杜撰也，故"哭死而哀，非为生也；经德不回，非干禄也；言语必信，非正行也"。天理当然而已矣，当然而为之，是为天之所为也。圣门学者大要，以克己为本；克己复礼无私心焉，则天矣。
>
> 所谓天理者，自然底道理，无毫发杜撰，"今人乍见孺子将入于井，皆有怵惕恻隐之心"。方乍见时，其心怵惕，即所谓天理也；"要誉于乡党朋友，内交于孺子父母，恶其声而然"，即人欲耳；天理与人欲相对，有一分人欲，即灭却一分天理；有一分天理，即胜得一分人欲；人欲挽肆，天理灭矣，任私用意，杜撰做事，所谓人欲肆矣。

上蔡以心以天具体的解释仁，他的学问又以心为中心，说佛家的论性，犹之儒家的论心。上蔡看重心的结果，已到达于知行合一说，他说道："真知自然行之不难，真知而行，未免有意，意有尽时。"这种学问思潮，确是陆王的先导。

（二）杨时

时号龟山，字中立，与谢上蔡并称程门二杰。神宗朝举进士，不仕而学于明道，明道称他"杨君会得最容易"。及归，明道说："吾道南矣。"明道死，又从伊川，事益恭。程门立雪故事，龟山亦在内。卒谥文靖，所著有《龟山集》三十五卷，《三经义辨》《语录》等。

龟山和明道同为气一元论，说通天地只是一气，宇宙间千态万状，不外一气之离散而已；故论死生如冰释冻为水。他主张性善，亦佛教与儒教性善说相比较，"经中说十识，第八庵摩罗识，唐言白净无垢；第九阿赖耶识，唐言善恶种子；白净无垢，即孟子之性善是也。言性善可谓探其本，言善恶混乃是于善恶已萌处看。"据龟山所说孟子是就本说，扬雄是就末说，并无矛盾处。又说《大学》言格物致知以至平天下，而以诚意为主，《中庸》言天下国家有九经，而行之者诚，然非格物致知，不能知其道。若谓意诚便足以平天下，则先王之典章，皆为虚器。他能以《大学》《中庸》的精意合而为一，此外则除继承二程余绪外，别无创见。

（三）吕大临

吕大临，字与叔，京兆蓝田人。与兄大忠、大钧学于横渠，后归二程。蓝田和谢上蔡、游定夫、杨龟山称程门四先生。蓝田为学，注重防检穷索，明道告以"无须如是，只要识仁就得了"。蓝田尝赋诗道："学如元凯方成癖，文到相如始类俳。独立孔门无一事，只须颜子得心齐。"伊川称为得本。卒年四十七，有《文集》《诗说》《大学说》《中庸说》《克己铭》与未发之中问答，虽已节易过，然可窥见一斑。

蓝田的修养功夫，在存未发之中的心状，尝说道："赤子之心，良心也；天之所以降衷，人之所以受天地之中也，寂然不动，虚明纯一，与天地相似，神明为一。传曰：'喜、怒、哀、乐未发谓之中。'其谓此乎？此心自正，非待人而后正也，盖言使良心作用清明，以接事物耳，故先立其大者，则小者不能夺；若令忿懥，好乐忧患，一夺其良心，则视听食息，从之失守。"这就是后来罗豫章、李延平主静主中的学风开始，与宋理学很有关系。

（四）胡宏

宏字仁仲，号五峰，崇安人，胡安国少子。五峰幼有志道学，在京师见龟山，又在荆门从侯师圣，住衡山二十余年，能传家学，又能继程学，张南轩曾师事他。著作有《知言》《诗文集》《皇王大纪》《易外传》等，吕东莱以《知言》过于《正蒙》，开当时湖湘的学统。

五峰说道："圣人指道之体曰性，指其用曰心；性不能不动，动则心也。"五峰以心由性而分，为活动的，而以性为静的。又说道："天命之谓性，性者大本也；尧、舜、禹、汤、文王、仲尼六君子先后相诏，必曰心而不曰性，何也？曰：心也者，知天地宰万物以成性者也。六君子尽性者也，故能立天下之大本，人至于今赖其利。"伊川以来，说心颇不详，五峰独分析性与心很明畅，而以心为主，是从上蔡思潮得来。

龟山以佛学说性善，原由庐山总老得来，而五峰亦受其说："或问性。"曰："性也者，天地之所以立也。"曰："然则孟轲氏、荀卿氏、扬雄氏以善恶言性也，非欤？"曰："性也者，天地鬼神之奥也，善不足以言之，况恶乎哉？"或又曰："何谓也？"曰："某闻之先君子曰：'孟子所以独出诸儒之表者，以其知性也。'某请曰：'何谓也？'先君子曰：'孟子之道性善云者，叹美之辞，不与恶对也。'"这就是他以性为绝对善的地方。又说道："凡人之身，粹然天地之心，道义完具，无适无莫，不可以善恶辨，不可以是非分，无过也，无不及也。此中之所以名也。"五峰以性为人生生活所必然，情和欲亦为人性中所不可少的，无须排斥，说道："凡天命所有，而众人有之者，圣人皆有之。人以情为累也，圣人不去情；人以才为有害也，圣人不病才；人以欲为不善也，圣人不绝欲；人以术为伤德也，圣人不弃术；人以忧为非发也，圣人不忘忧；人以怨为非宏也，圣人不释怨。然则何以别于众人乎？圣人发而中节，而众人不中节也；中节者为是，不中节为非；挟是而行则为正，挟非而行则为邪；正者为善，邪者为恶；而世儒乃以善恶言性，邈乎辽哉！"这段文字，最有价值，五峰以性为天命，性的概念，因此一大变，不以理说，亦不以道心说，凡人一切情欲及伦理法则皆是。惟善恶的名称，由于性发动时中节与否而定。而支配性的发动就是心，故中节与否在心，惟心的标准怎样去求？说道："本之良心。人类有至机敏之机关，能鉴别是非邪正者。"又说道："人皆有良心，故被之以桀纣之名，虽匹夫不受也。""齐王见牛而不忍杀，良心之苗裔，见于利欲之间者也。一见操而存之，存而养之，养而充之，以至于大，大而不已，则与天地同。"他论心性颇自得，说心无善恶，又无死生，或问："心有死生乎？"曰："无生死。"曰："然则人死其心安在？"曰："子既知其死矣，而问安在耶？"或曰："何谓也？"曰："夫惟不死，是以知之，又何问焉。"或曰："未达。"胡子笑曰："甚哉子之蔽也，子无以形观心，而以心观心，则其知之矣。"又说道："天下莫大于心，患在于不能推之尔。莫久于心，患在于不能顺之尔。""性譬诸水乎？则心犹水之下，情犹水之澜，欲犹水之波浪。""气之流行，性为之主；性之流行，心为之主。""大哉性乎！万理具焉，天地由此而言矣；世儒之言性者，类指一理而言之尔，未有见天地之至体者也。"

五峰理学稍嫌近常识，惟分析很明白，能脱程学范围。后来张南轩、吕东莱、朱晦庵等，疑《知言》非程学，亦有理由。

（五）李侗

侗字愿中，号延平，南剑人。年二十四，闻罗从彦传河洛之学，遂往，很佩服师的不求人知。亦谢绝世故，独居一室，四十余年，安贫乐道。晦庵说："李生生不著书，不作文，颓然若一田夫野老。"延平事亲从兄，为人所难能，所著仅《延平问答》。

延平学问的第一义，就是瞑目静坐，体认天理。说道："学问之道，不在多言，但默坐澄心，体认天理，若是虽一毫私欲之发，亦退听矣。久用力于此，庶几渐明，讲学始有力耳。"晦庵也说道："延平先生，教人静坐。"他的学问颇近禅，真理可由真觉而知。说道："大率吾辈立志已定，若看文字，心虑一澄然之时，略绰一见与心会处，便是正理；若生疑即恐凝滞。"他不务高远，专于日用常行间考察正道所在。他评上蔡道："语极好玩味，渠盖于日用上下工夫。"他与刘平甫书："大率有疑处，须静坐体究，人伦必明，天理必察，于日用处着力，可见端绪，在勉之尔。"

他主张心与气合致。不过并非伊川所说形而下的气，是说人类生理的条件中一种盲目的动力，动力有障碍，就是无知妄作，所以动力能与心一致，就能率理而行动。不过后来晦庵的气的观念，非延平的，是伊川的；可知晦庵所得到延平的，不在思想而在实践涵养。晦庵初见延平，发表自己学问颇畅，延平说道："子虽说许多之理，而面前之事却未解。"晦庵反省后，就知佛氏不足的地方。晦庵说道："李先生教人，大抵令于静中体认大本未发时，气象分明，即处事应物，自然中节，此乃龟山门下相传秘诀。"赵师言说道："有所依据而笃守，循序而渐进，无凭虚蹈空之失者，实延平先生一言之绪也。"晦庵解释仁为天理流行，说甚畅，延平说："仁为受天地之中而生，为人类所固有者。"不仅以流行相形容，较明道尤精确。

延平杂话："圣门之传《中庸》，其所以开悟后学无余策矣；然所谓喜、怒、哀、乐，未发之谓中者，又一篇之指要也，若徒记诵而已，则亦奚以为哉？必也体之于身，实见是理，若颜子之叹，卓然见其为一物，而不违乎心目之间也，然后扩充而往，无所不通，则庶乎其可以言中庸矣。""某曩时从罗先生学问，终日相对静坐，只亡文字，未尝及一杂话。先生极好静坐，某时未有知，退入室中，亦只静坐而已；罗先生令静看喜、怒、哀、乐未发之中，未发时作何气象。""常有此心，勿为事胜，欲虑非僻之念，即不自作。孟子有夜气说，熟味之，当见涵养用力之处；著力于涵养之处，正是学者之要，若不如此存养，终不为己物。"

（六）张栻

栻字敬夫，号南轩，广汉人。父浚，封魏国公，曾作《经解》。

南轩从胡五峰学，五峰赞道："圣门有人，吾道幸矣。"官至吏部郎兼侍讲，所说大都修身、务学、畏天、恤民、抑侥幸、屏谗谀等话，为宰相所忌，遂退隐，所著有《文集》《论语解》《孟子说》等。

南轩曾说道："太极动而二气形，二气形而万物化生，人与物俱本此者也，原物之始，亦岂有不善者哉？其善者天地之性也，而孟子道性善，独归之人者，何哉？盖人禀二气之正，而物则其繁气也。人之性善，非被命受生之后，而其性施而是善也；性本善而人禀乎气之正，初不隔其全然者耳，若物则为气所昏而不能以自适也；惟人全乎天地之性，故有所主宰而为人之心，所以异于庶物者，独在于此也。"又说道："学者潜心孔孟，必求其门而入，以为莫先于明义利之辨。盖圣贤无所为而然也，有所为而然者，皆人欲之私，而非天理之所存，此义利之分也；自未知省察者言之，终日之间，鲜不为利矣，非特名位货殖，而后为利也，意之所向，一涉于有所为，虽有浅深之不同，而其为徇己自私，则一而已。"问："为佛学者言人人当常存此心，令日用之间，眼前常见光烁烁地，此与吾学所谓操则存者有异同否？"曰："某详佛学所谓，与吾学之云存字虽同，其所以为存者，固有公私之异矣。吾学操则存者，收其放心而已矣；收其放心而公理存，故于所当思而未尝不思也，所当为而未尝不为也，莫非心之所存故也，佛学之所谓存心者，则欲其无所为而已矣，故于其当有而不知有也，于所当思而不知思；独凭借其无所为者以为宗，日用间将做何用？其云令日用之间，眼前常见光烁烁地，是弄此为作用也；目前一切以为幻妄，物则尽废，自利自私，此不知天故也。"又说道："学者循名忘实，此真可忧。但因此遂谓理学之不可讲，大似惩噎废食，是因盗儒为害者，而遂谓儒之不可为，可乎？"

南轩学说，最有名的就是分辨义利说，有所为而为的是利，无所为而为的是义，可知伦理的行为善恶，不在行为而在动机，动机出于利就是不善，动机出于义就是善，这和德国哲学家康德的学说完全相同。

第七节 朱熹

朱熹字元晦，亦称晦庵，婺源人。父松，和李延平同学于罗从彦。晦庵幼即聪颖，年十九举进士，二十四岁始见延平，即觉从前所学的空远，专从延平著实处入手。孝宗时数上书，不能用，御史陈贾道："道学者大率假名以济伪，愿摈弃勿用。"有忠告晦庵的，说："正心诚意之论，上所厌闻，请勿以言。"晦庵道："吾平生所学在此四字，岂可隐默而欺吾君乎？"后为林栗所劾，遂归。宁宗朝，何澹、刘德秀、胡纮、姚愈、沈继祖、余哲等毁谤备至，当时从晦庵游的，或隐山林，或改名迁居，或易服狎游，以示非党，惟晦庵讲学不休，仍能镇静坚定。后疾革，嘱其子及门人勉学，并修正遗书，即逝，谥文公。理宗朝，追封信国公，赠太师。遗著有《大学中庸章句》《或问》《太极图解》《通书解》《西铭解》《易本义》《启蒙》《蓍卦考误》《论语集注》《孟子集注》《诗集传》《楚辞集注辨证》《韩文考异》《论孟集议》《孟子指要》《中庸辑略》《孝经刊误》《小学》《谢上蔡语录》《延平问答》《宋名臣言行录》《程氏外书》《程氏遗书》《家礼》《近思录》《通鉴纲目》《伊洛渊源》《正蒙解》等。如欲窥见其理学思想，须研究其后人的编纂，如《朱子语类》《朱子语录》《朱子文集》《朱子书节要》等。兹将晦庵的学说列后。

（一）哲理说

晦庵继续伊川思想，主理气二元说，而以周子的太极明断为理。他说的理是与气相对的，与太极为同一物，太极就是理。说道："只是一个理而已，因其极致，故曰太极。"晦庵以为宇宙一切现象，皆由于理气之合成而成。"人物之生也，必禀此理以成其性，必受此气以成其形，性与形为有所必然的。""惟理与气非分离而存在的，无此气时，理无挂搭之处；无此理时，气不能成形；故无无气之理，亦无无理之气。"更进而论理气作用的区别，"理为形而上之道，为万物所以生之原理；气为形而下之器，率于理而为铸型之质料。""气之自身，不能运动，必待理之指向，始能流行。""故理与气不可以时之前后论。"晦庵颇信"天地有始说"与"太极图说"，"无天地时，只是理而已。"有人问理与气如何？他说道："有此理便有此气，但理是本。""然理非别为一物，仅存在于气之中而已。"

晦庵论太极和万物的关系，以为理散在万物，然可统一，不过从特殊方面看来，则理不相同。说道："人人有一太极，物物有一太极，合而言之，则万物体统于一太极；分而言之，则一物各具一太极。"他从各方面看理，多称为太极，一太极分布于万物，而一物的太极，和原始的太极并无分别。说道："一粒之粟，生而为苗，苗便生花，花便结实，又成粟而还复于原形。一穗有百粒，每粒个个完全，又将这百粒种时，一粒又生百粒，生生只管不已，其初只是从这一粒分去。与此相同，物物各有理，总只是一理。"可知太极为一而多且全智全能者，如禽、兽、草、木，虽有许多差别，然理只是一个，说道："外而至于人，则人之理不外于己也；远而至于物，则物之理不异于人也；极其大，则天地之运，古今之变，不能外也；尽于小，则一尘之微，一息之顷，不能遗也；是乃上帝所降之衷，烝民所秉之彝，刘子所谓天地之中，夫子所谓性与天道，子思所谓天命之性，孟子所谓仁义之心，程子所谓天然自有之中，张子所谓万物之一原，邵子所谓道之形体者。"可知晦庵所说的太极，就是一的意思，不但是共通普遍的理，并且是个别具体的理，就是不仅限于一物的理。不过晦庵所说的太极，能否完全实现于各物，是不可不研究的。

理不能完全实现，因各物气不同的缘故。晦庵说道："以理言之，则无不全；以气言之，则不能无偏。""理虽无差别，而气有种种之别，有清爽，有昏浊，难一一枚举。"这虽是万物差别的缘故，"然一一皆有太极，其状恰如宝珠之在水中，在圣贤之中，则如在清水中，其精光自然发现；其在至愚不肖中，则如在浊水中，非澄去泥沙，其光不可见。"不但是人类间有如是差别，就是人和物的差别，亦不过因气的关系，取周子的宇宙论一观就明白，说道："得其气精英者为人，得其渣滓者为物，生气流行，一滚而出，初不道付其全气与人，减下一等与物也，但禀受随其所得，物固昏塞矣，而昏塞之中，亦有轻重。"晦庵以宇宙间为阴阳二气的屈伸往来，说道："天地间无两立之理，非阴胜阴，则阳胜阳，无物不然，无时不然，寒暑昼夜，君子小人，天理人欲皆然。"

（二）心性说

"人物由理气二者而成，理即太极，太极即性，是人物所同得，此为本然之性。""仁、义、礼、智、信为人生为人之法则，不可不具备。""本然之性外，尚有气质之性；气质之性，准于气之清浊如何？清者为圣贤，浊者为昏愚。更详言之，得木气重者恻隐之心常多，羞恶、辞让、是非之心因此塞而不得发；得金气重者羞恶之心常多，恻隐、辞让、是非之心因此塞而不得发；火、水亦然。故气质之性完全之人，阴阳合得，五性全备，为中正者圣人是也。""故气质之性，在形体之后，然无形质，则本然之性无安置自己之地位，如一勺之水，非以物盛之，则水无归着之所。"晦庵的意以为本然之性，实际与气质之性相密接，是以论气质之性时，势不得不杂言理与气。

心为一身的主宰，具众理而应万事，惟理与气究竟谁属？这不得不属气。说道："心者气之精爽。"心与性有怎样关系？说道："性者心之所具理。"又说道："心以性为体。"心与性的关系可知。这是经验的心，为气所凝成的，此外尚有超越的心，与经验的心的性质同样述之。（一）因理而刺动，就是道心。（二）因气而刺动，就是人心。恻隐、羞恶等心为道心，一切嗜欲等为人心，说道："道心是义理上发出来底，人心是人身发出来底，虽圣人不能无人心，如饥食渴饮之类。虽小人不能无道心，如恻隐之心是。"

晦庵关于情的见解，说道："情通性之气而为所发动，心统性与情者，故从性之方面见之，心寂然不动；从情之方面见之，则感而遂通。"又说道："心未动时为性，心已动时为情。心统性情，此之谓也；欲由情发，而欲有善恶，此矛盾也；情已善，何以欲出恶？"

又说道：“心如水，性犹水之静，情则水之流，欲则水之波澜；但波澜有好底，有不好底，如我欲仁，是欲之好底；欲之不好底，则一向奔驰出去，若波涛翻浪。”情出于性，并非不善，孟子说：“情可以为善。”是不过情常为欲所乱，所以不能完全实现。晦庵以为四端发于性，七情由四端发出，就是哀、惧由恻隐发出，怒、恶由羞恶发出，惜不能遍及，但说道：“但分七情而不可配四端，七情自能贯通于四端。”

理就是天地生物之心，而在人的就是仁。他说道：“仁，人心也。”仁包含礼、义、智，故去私见，而以仁充分活动，如行孝、弟、恕，皆不外乎心的特别作用。说道：“盖人之为道，乃天地生物之心，即物而在；情之未发，而此体已具；情之既发，而其用不穷；诚能体而存之，则众善之源，百行之本，莫不在是；此孔门之教，所以必使学者汲汲于求仁也。其言有曰：‘克己复礼为仁。’言能克去己私，复乎天理，则此心之体无不在，而此心之用无不行也。”又说：“事亲孝，事兄弟，及物恕，则亦所以行此心也。”

（三）修为说

格物致知和穷理，晦庵看来是同一的，说道：“格物致知，是穷此理。”又说格物的精细工夫，“格物十事，格得九事通透，即一事未通透，不妨；一事只格得九分，一分不通透，最不可，须穷到十分处。”“致知格物，只是一事，格物时即致知；凡人之入德处，全在格物致知。”“致知格物，即穷理之要，必在读书；读书之法，以循序致精为第一；而致精之本，在居敬持志。”晦庵又示精密的读书法，说道：“读书之法，在循序而渐进，熟读而精思，字求其训，句索其旨。未得于前，则不敢求其后；未通乎此，则不敢志乎彼；先须熟读，使其言皆若出于吾之口，继以精思，使其意皆若出于吾之心。”又说道：“读书别无法，只要耐烦子细是第一义。”

晦庵关于存夜气的见解，说道：“日间所理会而得的，入夜即须涵养。日间进一分道理，夜气便添一分；第二日更进一分的道理，夜气便添二分；第三日更进一分的道理，夜气便添三分。日日只管进，夜气只管添，添来添去，这气益盛。日间悠悠而无工夫过去，则夜间便减一分气；第二日无工夫，则夜间又减二分；第三日无工夫，则又减三分；夜气既亏，则渐无根脚，遂至去禽兽不远。"晦庵又引延平语道："延平先生尝言：'道理须是日中理会，夜里却去静坐思量，方始有得。'某依此法去做，真是不同。"晦庵又教学者静坐，说道："静坐非如坐禅入定，断绝思虑，只收敛此心，无烦思虑，此心湛然无事，自然专一，及有其事，则随事应事，已时复湛然。"晦庵又示执心的要点，说道："心有所用，则心有所主，只看如今才读书，则心便主于读书；才写字，则心便主于写字；若是悠悠荡荡，未有不入于邪僻者。"

晦庵第一取伊川所说不明了的心字，使之属于二元的一气；第二他的情性说颇精当，故晦庵可为宋代哲学的大成者。从明道以至今日，理气的观念，共有三段的变迁，明道未分别理与气，而解释性即气；晦庵分别理与气，而以明道之性的观念，附属于理，因此理带了些实在的意味；不过后世论晦庵的理为形式的，而与气有区别。

第八节　朱子门人

（一）蔡元定

元定字季通，号西山，建阳人。闻晦庵名，拜为师。庆元初为沈继祖所参，谪道州，后卒于贬所。嘉定三年，谥文节。西山从晦庵最久，博闻强识，同辈皆不及，尤长于天文、地理、乐律、历数、兵阵等。西山治家以孝、弟、忠、信，教人以性与天道，闻者莫不兴起。所著有《大衍详说》《律吕新书》《燕乐原辨》《皇极经世》《太玄》《潜虚指要》《洪范解》《八阵图说》等。

（二）蔡沈

沈字仲默，号九峰，西山少子。在家服膺父教，出外师事晦翁，其《书经集传序》说求心颇详。

（三）黄干

干字直卿，号勉斋，闽县人。学于晦庵，晦庵妻以女，晦庵卒，勉斋心丧三年。著有《经解》及《勉斋文集》，卒，谥文肃。

（四）陈淳

淳字安卿，号北溪。少习举子业，后受教于晦庵，晦庵卒，北溪追思师训，穷理格物，有所贯通；并发明吾道体统、师友渊源、用功节目、读书次序为四章，以示学者。卒年六十五。所著有《道学体统》四篇、《似道似学》、《大学论语中庸口义字义详讲》等。

北溪说道："大抵人得天地之理为性，得天地之气为体。"又说道："合理与气，方成个性。"这就是以心视为一物，比较师说以心属气而具理未作一物看的，其观念甚明，而心所能活动，则全由于气。他又说理为善的，气有善有不善的。情和晦庵所说同，是由性发出来的，说道："性中有仁，动出为恻隐；性中有义，动出为羞恶；性中有礼、智，动出为辞让、是非。"恻隐、羞恶等为情，是从仁义礼智而出来的，孟子以心统情与性，而即以心为主。情不由本性出来，而由物恶来时，即为不善，说道："情之中节，是从本性发来，便是善，更无不善；其不中节，是感物欲而动，不从本性发来，便有个不善；孟子论情全把做善者，是专指其本于性之发者之言。"又说道："喜、怒、哀、乐七情，是合善恶说。"这都是晦庵所未说的。

第九节　陆九渊

陆九渊字子静，号象山，金溪人。三四岁时，温重端静如成人，遇事物必问，一日忽问天地怎样穷尽？父笑而不答，遂深思忘寝食。五岁即读书，七八岁闻人诵伊川语，说道："伊川之言，奚与孔孟之言不类？"十三岁时，读古书，至宇宙二字，解释道："四方上下曰宇，往古来今曰宙。"忽大悟，说道："元来无穷，人与天地万物，皆在无穷之中者也。"乃提笔写道："宇宙内事，乃己分内事；己分内事，乃宇宙内事。"又说道："宇宙便是吾心，吾心即是宇宙。东海有圣人出焉，此心同也，此理同也；西海有圣人出焉，此心同也，此理同也；南海北海有圣人出焉，此心同也，此理同也；千百世之上有圣人出焉，此心同也，此理同也；千百世之下有圣人出焉，此心同也，此理同也。"象山的学问，即成于此时，十六岁读《三国六朝史》，见夷狄乱华，又闻靖康之事，慨然剪指爪去学弓马，说道："吾人读《春秋》知华夷之辨，二圣之仇，岂不可復耶？所欲有甚于生者，所恶有甚于死者；今吾人高居优游，岂不可耻耶！"三十四岁举进士，考官吕祖谦读象山《易》卷，说道："是有学问人之文，必江西陆子静也。"后祖谦约象山及其兄复斋会朱晦庵等于信州鹅湖寺，议论颇痛快，数日不决。晦庵道："人各有所见，不如取决于后世。"后常与晦庵通信，或论道，或议政，曾应晦庵召，至白鹿洞书院，讲"君子喻于义，小人喻于利"句，极中时弊。晦庵颇以为是，乞书出，曾上书议政事，惜上不用。辞官后，学者云集，卒年五十四，赐谥文安。所著有《象山全集》三十三卷，《语录》二卷，《年谱》一卷。

象山的学问，以简易直截为其特色，寻其远因，则从明道起，经过谢上蔡、王震泽而来。惟象山常不满意于伊川，说道："二程见周茂叔后，吟风弄月而归，有吾与点也之意；后来明道此意却存，伊川已失此意。"所以伊川的学问，流为晦庵；明道的学问，发为象山。象山说道："元晦似伊川，钦夫似明道，伊川蔽锢深，明道却通疏。"伊川一派分道心与人心，配理与气，所主张怎样穷理，仍不过为形式的智识，所谓本心的善并无十分关系；惟象山倡导的心即理主义，能结合穷理与本心的善。象山见晦庵，以为他所怀的是支离的主义，这就是穷理与本心的善不能打通的缘故。

（一）性理说

象山的观念，就是心即理。他主张性善，曾对学者说："汝耳自聪，汝目自明，事父母自能孝，事兄自能弟，在无少缺，不必他求，在乎自立而已。"又说道："人性本善，其不善者，迁于物也。"他与友人书，说道："盖人受天地之中以生，其本心无有不善。"又以理为普遍的，他作"则以学文"题中有句道："宇宙之间，典常之昭然，伦类之灿然，果何适而无其理也；学者之为学，固所以明是理也。"又与友人书说道："塞宇宙一理耳，上古圣人，先觉此理。故其王天下也，仰则观象于天，俯则观法于地，观鸟兽之文与地之宜，近取诸身，远取诸物。"又说道："天下事事物物，只有一理，无有二理。"象山所说的理，和程朱差不多；不过以理为形式的法则，是所当注意的。象山又以气质有厚、薄、强、弱的分别，说道："然人之生也，不能皆上智不惑，气质偏弱，则耳目之官，不思而蔽于物。"又评韩退之的《原性》道："却将气质做性说了。"象山思想与程朱立脚点不同，就是彼主张心即理，至气质本不注意。

象山不赞成心有人心道心的分别，说道："心一也，人安有二心。"他解释《尚书》上说的"人心惟危，道心惟微"二句，说道："自人而言则曰惟危，自道而言则曰惟微。"更解释危与微的意旨，说道："罔念作狂，克念作圣，非危乎？无声无臭，无形无体，非微乎？"他又解释天人分开的误谬，说道："天理人欲之分，论极有病，自《礼记》有此言，而后人袭之，记曰：'人生而静，天之性也；感于物而动，性之欲也。'若是，则动亦是，静亦是，岂有天理物欲之分，动若不是，则静亦不是，岂有动静之间哉！"

佛说："见性成佛。"象山说颇相同，最容易见的，就是他所发表的观念，他说道："《论语》中多有无头柄的说话，如'知及之仁不能守之'之类，不知所及所守者何事？如'学而时习之'，不知时习者何事？非学有本领，未易读也；苟有本领则知之所及者及此也，仁之所守者守此也，时习之习此也，说者说此，乐者乐此，如高屋之上建瓴水矣。"象山所说者就是指点这个心，所以和禅家同一口吻。又说道："道理只是眼前的道理，虽见到圣人田地，亦是眼前道理。"象山又以心为一个最大的，为具理的，说道："义理之在人心，实天之所与，而不可泯焉者也。"又以义理为心的活动样式，说道："盖皆人之所固有，心之所同然也。"又说道："心即理。""循自然之理，安有内外表里之别。"这就是他的立脚地，象山以为人与人相异的缘故，就是气质的关系，说道："气质偏弱，则耳目之官，不思而蔽于物，物交物，则引之而已；由是向之所谓忠信，流而放僻邪侈，而不能以自反矣；当是时其心之所主，无非物欲而已矣。"心从其固有法则而活动，因为耳目蔽于物欲，完全不能自己实现，这是和晦庵差异的一点。

（二）修为说

要研究象山的心即理，不可不研究象山的穷理工夫，他说道："所谓穷理，所谓格物，皆不外开耕自己之田地，故我无所添加，惟仅自所有意识而已。故非我注六经，六经皆我注脚。"这就是和别人不同处。又说道："我之学问与诸处异者，只是在我，全无杜撰；虽千言万语，只是觉得他底，在我不曾添一些。近有议吾者云：'除了先立乎其大者一句，全无伎俩。'吾闻之曰：'诚然。'"他以为发挥心的善处，在除物欲，说道："今之论学者，只务添人底，自家只是减他底，此所以不同。"又说道："格物者，格此者也，伏羲仰象俯法，亦先于此尽力焉耳，不然所谓格物，末而已矣！"格此的此字，就是指心说。

象山说道："自立自重，不可随人脚跟，学人言语。"又说道："义理之在人心，实天之所与，而不可泯灭焉者也。彼其受蔽于物，而至于悖理违义，盖欲弗思焉耳；诚能反而思之，则是非取舍，盖有隐然而动，判然而明，决然而无疑者矣。"他常教学者道："各自圆满具足者，无少缺，故要自立。"又说道："人当先理会所以为人，深思痛省。枉自汩没，虚过日月，朋友讲学，未说到这里，若不知人之所以为人，而与之讲学，遗其大而言其细，便是放饭流歠而问无齿决。若能知其大，虽轻自然反轻归厚，因举一人恣情纵欲，一知尊德乐道，便明白洁直。"象山的实学就在此，故说道："古人皆明实理，做实事。"又说道："心之在人，是人之所以为人，而与禽兽草木异焉者也。可放而不求哉！"可知欲明自己的心，当以思为本。

总之象山心即理的观念，就是穷理和实践的结合。所谓穷理格物，终不外乎自己本心的自觉，以为入学的初步。说道："凡物必有本末，且如就树木观之，则其根本必差大。吾之教人，大概使其本常重，不为末所累。然今世论学者，却不悦此。"象山死后，继起者二人，一为门人杨慈湖，一为明代王阳明。

第十节　陆子门人

象山门人中，最有名的，为杨简、袁燮、舒璘等。

（一）杨简

简字敬仲，号慈湖，慈溪人，为进士。尝反观觉天地万物通为一体，非吾心外事，象山提本心二字，慈湖问怎样叫本心，象山道："君今日所听扇讼，彼讼扇者必有一是，必有一非，若见得孰是孰非，即决定为某甲是某乙非，非本心而何？"慈湖忽觉得此心湛然清明，遂拜称弟子。曾面奏宁宗说："斯心即大道。"卒年八十六，谥文元。所著有《己易启蔽》及其他关于礼的书。

慈湖推广心即理的观念，以一切的法则，皆为我心内事。其《己易》一篇，凡《易》所谓天地之运行，日月之交代，皆在自己范围内，说道："天地我之天地，变化我之变化，非他物也。""吾心湛然清明而非物，吾性洞然无际而非量，天者吾性中之象，地者吾性中之形，故曰：'在天成象，在地成形'。皆我之所为也。"这与西哲学家菲希的绝对自我论相同。又说道："吾未见天与地与人之有三也，三者形也，一者性也，亦曰：道也；又曰：《易》也。名言之不同，而其实一体也。"自己之性就是《易》，所有变化皆于此求，"故孔子说道：《易》与天地准。'天地即《易》，幽明本无，必仰观俯察而后能知其故。"这就是混合佛教思想的地方，黄宗羲说他学象山而过者，当然不差。

慈湖学说，是极端唯心说，惟平日践履，一无瑕玷，虽高年亦敬谨不敢放逸，与托于禅而放诞者不同。全谢山说道："坏象山教者实慈湖，然慈湖之言，不可尽信，而行则可师。"黄勉斋说："杨敬仲集皆德人之言也。"这话甚是。

（二）袁燮

燮字和叔，号絜斋，鄞县人。曾访问吕东莱，惟其学以象山为主。说道："大哉心乎！与天地一本。精思以得之，勤业以守之，则与天地相似。"又说道："人生天地间，所以超然独贵于物者，以是心也；心者人之大本也，此心存则虽贱而可贵，不存则虽贵而可贱。"又说道："直者天德，人之所以生也；本心之良，未尝不直；回曲缭绕，不胜其多端者，非本然也。"又说道："道不远，本心即道。""此心此理，贯通融合，美在其中，不劳外索。"絜斋学象山似趋平实，较慈湖的言论有绳矩。

（三）舒璘

璘字广平，尝访问张南轩，惟其学亦以象山为主。曾说道："人之良心，本自明白，特患无所感发。一朝省悟，邪念释除，志虑所关，莫非至善。"可见他深得象山的学问。此外尚有沈炳和槐堂诸子，不多述。

第十一节　浙东独立学派

（一）吕祖谦

祖谦字伯恭，号东莱。初性极褊，后因病中读《论语》"躬自厚而薄责于人"句，遂省悟，致终身无暴怒。与朱晦庵、张南轩为友。举进士，卒谥成。所著书甚多，并与晦庵同集《近思录》。他与晦庵最善，所学尤为实践的。曾说道："古人为学，十分之中，九分是动容周旋洒扫应对，一分在诵说；今之学者，全在诵说，入耳出口，了无涵蓄。"东莱熟读《左传》，虽自己道高望重，然乐与朱陆为伍，鹅湖寺之会，他是发起人。他长于历史文章，《左氏博议》最有名，此外尚有《丽泽讲义》，可资实践道德甚多。

（二）陈亮

亮字同甫，号龙川，永康人。喜谈兵，后折节读书，自孟子以下，惟推王通。其学主致用，而非当时性理之说。立人身后而谈性命的，他以为灰埃，唾而不顾。痛朱学派流于空疏，曾作书去驳他，说道："为士以文章行义自名，居官以政事书判自显，各务其实而极其所至，各有能有不能，卒亦不敢强也。道德性命之说一兴，而寻常烂熟，无所能解之人自托于其间，以端悫静深为体，以徐行缓语为用，务为不可究测，以盖其所无。"又说道："研穷义理之精微，辨析古今之异同，原心于秒忽，较理于方寸，以积累为工，以涵养为正，晬面盎背，则于诸儒诚有愧焉；至于堂堂之阵，正正之旗，风雨云雷交发而并至，龙蛇虎豹变见而出没，推倒一世之智勇，开拓万古之心胸，自谓差有一日之长。"龙川为孝宗所信任，卒年五十五，谥文毅。

（三）叶适

适字正则，号水心，永嘉人。举进士，卒谥忠定。所著有《水心文集》《习学记言》《拾遗别集》等。全祖望说道："永嘉功利之说，至水心始一洗之，然水心天资高放，言砭古人多过情。"水心批评古人，比较象山批评伊川尤甚，从曾子子思起皆不免。南宋学术界，本分朱陆两派，水心自成一家，势成鼎足，他善于讥评古今学术得失，更能考论古书正伪和道统之辨，说孔子道统，曾子不得其传，显然和程朱相反。又因当时性理太极诸说出于《系辞》，而《系辞》不全是孔子所作，疑周张二程的学问近释氏。又疑《中庸》非子思所独著，其他如疑管子，诋老子，疑左氏《国语》，非刘向《五行传》，对于百家著作批评，无所不至。

第十二节　朱学后继

嘉定以后，私淑朱学的有魏鹤山和真西山，今合记二人如下。

（一）魏了翁

了翁号鹤山，邛州人。举进士，官至礼部尚书，卒赠太师，谥文靖。所著有《九经要义》《鹤山全集》《经外杂钞》《古今考》等。鹤山与晦庵门人辅汉卿为友，因此深通义理之学。

鹤山亦主张绝对唯心论，说道："心者人之太极，而人心又为天地之太极。以立两仪，以命万物，不越诸此。"这和邵康节的先天学心法、杨慈湖《己易》相同。又说道："古人位天地，育万物，把做己职事。天地是我去做，五行五气，都在我一念宣节之；后世人自人，天自天，失其人之职。"又论欲，说道："圣贤言寡欲矣，未尝言无欲也，所谓欲仁、欲立、欲达、欲善，莫非使人即欲以求诸道。至于富贵所欲也，有不可处，己所不欲，有不可施；则又使人即其不欲以求诸非道。岁积月累，必至于从心所欲而不逾矩，然后为之……今日自寡欲以至无欲，不其戾乎！""性不能无感，性之欲也；知诱物化，则为私欲；故圣人虽使人即欲以求道，而于季康子于由、求，于申枨，曷尝以其欲为可乎？胡仁仲之言曰：'天理人欲，同行异情。'以此求之，则养心之说备矣。"鹤山学说，可见一斑。

（二）真德秀

德秀号西山，建州人。举进士，官至礼部侍郎，卒年五十八，谥文忠。所著有《文集》《读书记》《四书集论》《文章正宗》《大学衍义》《西山甲乙稿》《对越甲乙集》《经筵讲义》《西山政训》等。

或问《大学》"只说格物不说穷理"，他说道："器者有形之物也，道者无形之理也，明道先生曰：'道即器，器即道，两者未尝相离。'盖凡天下之物，有形有象者，皆器也，其理便在其中。……天下未尝有无理之器，无理之器，即器以求之，而理在其中。如即天地，则有健顺之理；即形体，则有性情之理；精粗本末，初不相离，若舍器而求理，未有不蹈于空虚之见，非吾儒之实学也。所以《大学》教人以格物致知，盖即物而理在焉；庶几学者有著实用力之地，不至驰心于虚无之境也。"从这方面看西山，完全墨守晦庵思想。此外解释仁为生意，敬为主一无适，皆本程子学说。又以理解释太极，以形气解释阴阳，亦不出晦庵范围，未见西山有所发明。

第二章

元代理学

元本蒙古族，代宋而有天下。在宋理宗时，元中书行省杨惟中，建太极书院于燕京，延赵复为师，当时周敦颐的《太极图说》尚未至河朔，惟中用师蜀汉，始得名士数十人，始知道学。于是搜集伊洛之书，载至燕京。及师还，乃建周子祠，以二程张杨游朱六子配飨，河朔由是知道学。兹将当时硕学者列下。

（一）许衡

衡字仲平，号鲁斋，河内人。七岁入学，授章句，问他师，为什么读书？师告他道："为取科第而已。"鲁斋道："如斯而已乎？"师每授书，必问书的旨义，师不能答而去，连更三师，继访姚枢于苏门（枢师赵复），得伊洛新安遗书。鲁斋道："今始得进学之序。"元世祖时至京师，授国子祭酒，至元二年，上书说"立国之规模"。至元十八年卒，年七十三，赠司徒，谥文正。曾说道："纲常不可亡于天下，苟在上者无以任之，则在下之任也。"所著有《鲁斋心法》《鲁斋全书》。学者称为鲁斋先生。

鲁斋所著心法一书，注重在心，说道："人心虚灵，无槁木死灰之理。"又说道："天地间须大著，心不可拘于气质，局于一己。"他的勇往无前情状，可以想见。又说道："凡事理之际有两件，有由自己底，有不由自己底；由自己底有义在，不由自己底有命在。"义与命截然为二，可谓彻底。又说道："其所以然与其所当然，此说个理字。所以然者，是本原也；所当然者，是末流也。所以然者，是命也；所当然者，是义也。每一事，每一物，须有所以然与所当然。"这真是修身的格言。又说道："凡事一一省察，不要逐物去了，虽在千万人中，常知有己，此持敬大略也。"他说到持敬工夫尤妙。

（二）刘因

因字梦吉，号静修，雄州容城人。初学训诂疏释，每叹道："圣人精义殆不止此。"后就赵复得周程张邵朱吕之书，大喜。又说道："吾故为当有是也。"元至元十九年，诏征为右赞善大夫，以教近侍子弟，后因母病，辞职归，二十八年又召，不就。帝说道："殆所谓古之不召之臣欤？"三十年卒，年四十五，学者称为静修先生，所著有《静修文集》。

鲁斋和静修为元代学术界功臣，不过静修享年不久，不如鲁斋所及甚远，至他的志气高尚，尤超过鲁斋，当鲁斋应召时，静修说道："公一被命而起，无乃速乎？"鲁斋道："不如此则道不行。"后静修不应召，有人问他，说道："不如此则道不尊。"他们二人的情状可见一斑。静修曾说道："邵，至大也；周，至精也；程，至大也；朱子尽其大，尽其精，而贯之以正也。"可知静修虽宗周邵二程，然对于晦庵尤为倾倒。

（三）吴澄

澄字幼清，号草庐，抚州崇仁人。至大元年，召为国子监丞，辞去。英宗立，迁翰林院学士，进太中大夫。泰定元年，为经筵讲官。后卒，年八十五，谥文正，学者称为草庐先生。所著有《五经纂言》《草庐精语》《道德经注》及《文集》。

草庐说道:"朱子以道问学为主,陆子以尊德性为主,然问学不本于德性,则其弊必偏于语言训释之末;故学必以德性为本,庶几得之。"他原是兼取朱陆而并行的。又说道:"道之大原出于天,神圣继之;尧舜以上为道之元,尧舜以下为道之亨,洙泗鲁邹为利,濂洛关闽为贞。分而言之,上古羲皇为元,尧舜为亨,禹汤为利,文武周公为贞。中古仲尼为元,颜曾为亨,子思为利,孟子为贞。近古周子为元,程张为亨,朱子为利,孰为今日之贞?"这就是受邵氏思想形式的。不过他的学问,大抵出于晦庵。他说道:"闻见虽得于外,而所闻所见之理,则见于心。故外之物格,则内之知致;此儒者内外合一之学,固非如记诵之徒博览于外,而无得于内。"这可说是朱陆折中论。又说道:"知者心之灵,而智之用也,未有出于德性之外者。"他的思想似已出乎程朱以外。他说理气亦颇精密,他不以理气为二元,他以理为在气的中间。说道:"自未有天地之前,至既有天地之后,只是阴阳二气而已。本只是一气,分而言之,则曰阴阳;又就阴阳中细分之,则为五行。五行即二气,二气即一气。气之所以能如此者,何也?以理为之主宰也。理者非别有一物,在气中只是为之主宰者,即是无理外之气,亦无气外之理。人得天地之气而成形,有此气即有此理。所有之理谓之性,此理在天地,则元亨利贞是也;其在人而为性,则仁义礼智是也;性即天理,岂有不善。"不过理为什么是善的?他却未曾说明。他又说人性善恶,是因气的清浊关系。"气质虽有不同,而本性之善则一;但气质不清不美者,其本性不免污坏,故学者当用反之之功。反之,'如汤武反之也'。……故曰:善反之,则天地之性存焉。"这话和晦庵相同。又说:"仁,人心也,敬则存,不敬则亡。"可知他的学问以程朱为主,他又将理气和老子的有无比较,说道:"其无字是说理字,有字是说气字。"这话亦颇有研究。

（四）赵偕

偕字子永，号宝峰，慈溪人。学者称宝峰先生。志尚敦厚，不好矫饰，得慈湖书读后，见森罗万象，浑为一体，说道："道在是矣。"乃信三代之治可复，百家之说可一，遂隐于大宝山下，为宋遗民，义不仕元。遗文有《宝云堂集》，因遭兵火不完全。他的学尚静坐，说道："凡除合应用之事外，必入斋庄之所静坐。""凡得此道融化之后，不可放逸，所宝者，清泰之妙，犹恐散失，宜静坐以安之。""凡日夜静坐之后，若即寝席，无非此道，若非此道，不即寝席，庶不失虽寝而不寝之妙。""凡行住坐卧，虽未能精一，亦必有事焉；虽应酬交错之间，未能无间断，无忘可也。""人无固必自然安，有意于安便不安。人无动静自然闲，有意于闲便不闲。"他颇近禅学，因他崇拜慈湖，所以不免有此余习，不过他的行为颇可称道。

（五）郑玉

玉字子美，号师山，徽州歙县人。元至正十四年，帝除以翰林待制奉议大夫，辞而不起，居家著书以为业。所著有《周易纂注》。十七年明兵入徽州被囚，亲友有赠遗，从容尽欢，告以必死，因不事二姓，故妻从而死。师山悦，翌日具衣冠，北面再拜，自缢而卒。

师山是调停朱陆学说的一人，说道："陆子之质高明，故好简易；朱子之质笃实，故好邃密；各因其质之所近，故所入之途不同。及其至也，仁义道德，岂有不同者，同尊周孔，同排佛老，大本达道，岂有不同者？后之学者，不求其所以同，惟求其所以异。江东之指江西，则曰：此怪道之行也。江西之指江东，则曰：此支离之说也。此岂善学者哉？朱子之说，教人为学之常也；陆子之说，才高独得之妙也；二家之说，又各不能无弊。陆氏之学，其流弊也，如释子之谈空说妙，工于卤莽灭裂，而不能尽夫致知之功；朱子之学，其流弊也，如俗儒之寻行数墨，至于颓惰委靡，而无以收其力行之效；然岂二先生垂教之罪哉？盖学者之流弊耳。"这话最正当，吴草庐亦曾说过："朱陆二师之为教一也，而二家庸劣门人各立标榜，互相诋訾，至于今学者犹惑。呜呼！甚矣！道之无传，而人之易惑难晓也。"这话可作参考。

师山又将《太极图说》和《西铭》比较，说道："《太极图说》，其斯道之本源与？《太极》之说，是即理以明气；《西铭》之作，是即气以明理。太极之生阴阳，阴阳之生五行，岂有理外之气；天地之塞吾其体，天地之帅吾其性，岂有气外之理。天地之大，人物之繁，孰能出于理气之外哉？二书之言虽约，而天地万物无不备矣。"这非研究周张书者不能说。

师山又论古今学术得失，说道："程子曰：'敬者圣学之所成始成终。'秦汉以来，非无学者，而曰孟轲死千载无真儒，何也？不知用力于此，而溺于训诂词章之习，故虽专门名家，而不足以为学；皓首穷经，而不足以知道；儒者之罪人耳。近世学者，忠恕之旨，不待呼而后唯；性与天道，岂必老而始闻；然出口入耳，其弊益甚，则又秦汉以来诸儒之罪人矣。"又说道："斯道之懿，不在言语文字之间，而具于性分之内；不在高虚广远之际，而行乎日用常行之中；以此穷理，以此淑身，以此治民，以此觉后，庶乎无愧于古人矣。"他的说话很切实平易，不可多得。

第三章

明代理学

元末，宋儒末流散居各处，教授门人。至明崛起，方正学以一世硕学，号称程朱再出，然因靖难兵起，杀身成仁，致所学不传。其先有刘基，崇奉朱学，所著有《郁离子》《搜集杂说》，明洪武八年卒。而清代大儒黄梨洲所著《明儒学案》，分别流派，为崇仁、白沙、河东、三原、姚江、浙中王门、江右王门、南中王门、楚中王门、粤闽王门、止修、泰州、甘泉诸儒，东林、蕺山诸学案；且说道："有明文章事功皆不及前代，独于理学前代之所不及也。牛毛茧丝，无不辨晰，真能发先儒之未发，程朱之辟释氏，其说虽繁，总是只在迹上，其弥近理而乱真者，终是指他不出，明儒于毫厘之际，使无遁影。"梨洲出于王学，所以推重王门尤甚。

第一节 守仁以前的明儒

（一）吴与弼

与弼，字子傅，号康斋，抚州崇仁人。十九岁赴京师，从洗马杨文定学，读《伊洛渊源录》，遂有志于道，见程伯淳《见猎心喜记》，知圣贤和常人相同，何至不可学；读《四书》《五经》《诸儒语录》，体贴身心，如是者有年。父命还乡，在长江遇风，舟将覆，康斋正襟危坐，说道："守正以俟而已。"陈白沙来学，东窗仅白，康斋自簸谷，白沙未起，康斋大声说道："秀才若为懒惰，他日何由到伊川门下，并何由到孟子门下。"天顺初，英宗召不至，成化五年卒，年七十九。

康斋之学，全本程朱，说道："圣贤所言，无非存天理去人欲，圣贤所行亦然。学圣贤者舍是何以哉？"又说涵养之道："食后坐东窗，四体舒泰，神气清明，读书愈有进益；数日趣同，此必又透一关矣。"又说学者亲切工夫："澹如秋水贫中味，和似春风静后功。"又说道："寝起读书柳阴及东窗，皆有妙趣。"这可见他的胸怀潇洒。又说道："大抵学者践履工夫，从至难至危处试验过，方始无往不利；若舍至难至危，其他践履不足道也。"这种小心翼翼的工夫，亦是从宋儒得来的。

（二）薛瑄

瑄字德温，号敬轩，山西河津人。幼时聪颖，后习濂洛诸书，叹道："此学问正路也。"遂尽弃旧学。成祖时举进士，后为监察御史，手录《性理大全》，遇有心得，即札记。出为山东提学佥事，先力行而后文艺。后为礼部右侍郎兼翰林学士，未几致仕家居，门人甚众。著有《诗文集读书录》等。

敬轩论为学之要，说道："为学之要，莫切于动静，动静合宜者，便是天理；不合宜者，便是人欲。"又说道："人心一息之顷，不在天理，便在人欲，未有不在天理人欲而中立者也。"又说道："二十年治一怒字，尚未消磨得尽，以是知克己最难。"又说道："主静以立其本，慎动以审其几。"又说道："不能克己者，志不胜气也。"又说道："居敬有力，则穷理愈精；穷理有得，则居敬愈固。"又说道："工夫切要，在夙夜饮食男女衣服动静语默应事接物之间，于此事事皆合天则，则不外是矣。"

（三）胡居仁

居仁，字叔心，号敬斋，上饶余干人。弱冠从学于吴康斋。筑室梅溪山中，除讲学外不干人事，历游四方，归与乡人娄一斋、罗一峰、张东白等在弋阳龟峰余干应天寺开学会，名高一时。持身极严，每日立课程，详书得失，虽器物之微，区别精密，终身不乱。后卒，年五十一。

敬斋学说，不离程朱，然持论亦甚严，他驳罗仲素、李延平说道："罗仲素、李延平教学者静坐中看喜怒哀乐未发以前气象，此便差，却既是未发，如何看得？只存养便是。"又驳吕与叔、苏季明说道："吕与叔、苏季明求中于喜怒哀乐未发之前，程子非之；朱子以为即已发之际，默识其未发之前者则可。愚谓若求未发之中，看未发气象，则动静乖违，反致理势危急，无从容涵泳意味。"又驳程子说道："遗书言：'释氏有敬以直内，无义以方外。'又言：'释氏内外之道不备。'盖体用无二理，内外非二致，岂有能直内而不能方外，体立而用不行者乎？敬则中有主，释氏中无主，谓之敬可乎？"不过程子亦说过："惟患不能直内，内直则外必方。"不知前说有无差误。

（四）陈献章

白沙，名献章，字公甫，新会白沙里人。幼颖悟，尝读《孟子》，以天民先觉自期，受学于康斋。成化二年游大学，祭酒邢让试和杨龟山"此日不再得"诗，见白沙作大惊，以为真儒复出，名声大振。官至翰林院检讨，后卒，年七十三。

有明学问到白沙，始入于精微，惟在宋学中稍倾向于象山。白沙曾说道："人所以学者，欲闻道也；求之书籍而弗得，则求之吾心可也。"又说道："人心上容留一物不得，才著一物则有碍；且如功业要做固是美事，若心心念念，只在功业上，此心便不广大，便是有累之心。是以圣贤之心，廓然若无感而后应，不感则不应。又不特圣贤如此，人心本体皆一般，只要养之以静，便自开大。"这话颇似禅家。

第二节　王守仁

王守仁字伯安，余姚人，学者称为阳明先生。成化年举进士，授修撰，官至吏部尚书。武宗初，刘瑾用事，阳明因救朝臣，廷杖四十，谪龙场驿丞，穷荒无书，日绎旧闻，忽悟格物致知，当自求诸心，不当求诸事物。叹道："道在是矣。"遂笃信不疑。著《五经臆说》，又为人说知行合一旨。后宁王宸濠反，守仁起兵讨平，以功封新建伯，卒年五十七。所著有《诗文集》《五经臆说》《古本大学旁释》《朱子晚年定论》和门人所记《传习录》等。他的好友湛甘泉为作墓志，说道："先生初溺于任侠之习，再溺于骑射之习，三溺于词章之习，四溺于神仙之习，五溺于佛氏之习，正德丙寅始归正于圣贤之学。"阳明以"心即理""知行合一""致良知"三者教人，说道："宋周、程二学后，惟象山陆氏简易直捷，有以接孟氏之传。而《朱子集注》《或问》之类，乃中年未定之说。"学者很佩服他。兹将阳明的学说录下。

（一）心即理说

"心即理"说，本是象山所创的。阳明承象山的学说，故陆王同为心学。阳明曾序象山《文集》，说道："析心与理为二，而精一之学亡。世儒之支离外索刑名器数之末，以求明其所谓物理者，而不知吾心即物理，初无假于外也。佛老之空虚，遗弃其人伦事物之常，以求明其所谓吾心者，而不知物理即吾心，不可得而遗也。"这就是阳明推尊象山，而阴讽晦庵学派的支离，和佛老二字的空虚。又说道："心外无理，心外无事。""夫物理不外于吾心，外吾心而求物理，无物理矣。遗物理而求吾心，吾心又何物耶！"陆王"心即理"说，和晦庵"即物穷理"说，根本不相容，晦庵分心和理为二，阳明合心和理为一，说道："朱子所谓格物云者，在即物而穷其理也；即物穷理，是就事事物物上，求其所谓定理者也。是以吾心而求理于事事物物之中，析心与理为二矣。"又说道："夫外心以求物理，是以有暗而不达之处，此告子义外之说，孟子所以谓之不知义也。心一而已，以其全体恻怛而言，谓之仁；以其得宜而言，谓之义；以其条理而言，谓之理；不可外心以求仁，不可外心以求义，独可外心以求理乎？外心以求理，此知行之所以二也；求理于吾心，此圣门知行合一教。"以上为阳明心即理的学说，当与象山学说参看。

（二）知行合一说

象山未曾讲过"知行合一"学说，程伊川曾微引其端绪，而适所以促成阳明的学说。今述阳明和伊川象山二人的关系，表示如下。

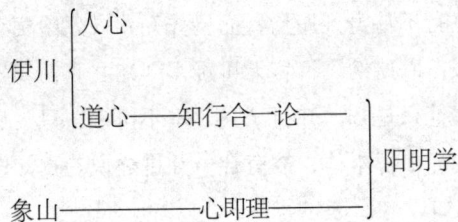

$$
\begin{array}{l}
伊川\left\{\begin{array}{l}人心\\道心——知行合一论——\end{array}\right.\\
\qquad\qquad\qquad\qquad\qquad\;\left.\begin{array}{r}\\ \end{array}\right\}阳明学\\
象山————心即理————
\end{array}
$$

伊川的知行合一论，尚未能大放光彩，因伊川将人心和道心对立，不免有支离的倾向。象山虽未曾说过"知行合一"的话，然以心即理为学问的第一义，简易直截，能继承圣门正统而有余。阳明集程陆的大成，遂成为阳明学。

伊川说道："知至则当至之，知终则当遂终之，须以知为本。知之深则行之必至，无有知之而不能行者。知而不能行，只是知得浅；

虽饥不食乌喙，人不蹈水火，只是知也；人为不善，只是不知。"

　　阳明的知行合一说，他主眼在人事，并非说自然，如政治道德等一切人事，知其善即行，知其恶即去，知和行不可须臾离，就是真知。说道："知是行的主意，行是知的工夫；知是行之始，行是知之成。若会得时，只说一个知，已自有行在；只说一个行，已自有知在。"又说道："未有知而不行者，知而不行，只是未知。"又说道："大学言：'如好好色，如恶恶臭。'见好色属知，好好色属行，只是那好色时已自好了，不是见了后，又立个心去好。闻恶臭属知，恶恶臭属行，只闻那恶臭时已自恶了，不是闻了后，别立个心去恶。""如称某人知孝，某人知弟，必是其人已曾行孝行弟，方可称他知孝知弟。不成只是晓得说些孝弟的话，便可称为知孝弟。又如知痛必已自痛了方知痛，知寒必已自寒了，知饥必已自饥了，知行如何分得开。""今人却就将知行分作两件去做，以为必先知了然后能行，我如今且去讲习讨论做知的工夫，待知得真了，方去做行的工夫，故遂终身不行，亦遂终身不知。""夫人必有欲食之心，然后知食，欲食之心即是意，即是行之始矣。食味之美恶，必待入口而后知；岂有不待入口，而已先知食味之美恶者耶？必有欲行之心，然后知路，欲行之心即是意，即是行之始矣。路歧之险夷，必待身亲履历而后知；岂有不待身亲履历，而已先知路歧之险夷者耶？知汤乃饮，知衣乃服，以此例之，皆无可疑。""知之真切笃实处即是行，行之明觉精察处只是知。知行工夫，本不可离，只为后世学者分作两截用功，失却知行本体，故有合一并进之说。真知即所以为行，不行不足谓之知。"

（三）致良知说

　　致知见《大学》，良知见《孟子》，本来是两起的，为什么阳明拉在一起说？标出致良知三字，做学问的头脑，致知的实功。因为阳明三十七岁春间，忽悟格物致知，当求诸心。五十岁时，方才揭出致良知三字教人。他说道："知是心之本体，心自然会知，见父自然知孝，见兄自然知弟，见孺子入井自然知恻隐，此便是良知，不假外求。若良知之发，更无私意障碍，即所谓'充其恻隐之心，而仁不可胜用矣'。然在常人，不能无私意障碍，所以须用致知格物之功，胜私复礼，即心之良知，更无障碍，得以充塞流行，便是致其知，知致则意诚。""夫子谓子贡曰：'赐也汝以予为多学而识之者欤？非也，予一以贯之。'使诚在于多学而识，则夫子胡乃谬为是说，以欺子贡者耶？一以贯之，非致其良知而何？""良知本来自明。气质不美者，查滓多，障蔽厚，不易开明。质美者，查滓原少，无多障蔽，略加致知之功，此良知便自莹澈。些少查滓，如汤中沃雪，如何能作障蔽。""良知不由见闻而有，而见闻莫非良知之用。故良知不滞于见闻，而亦不离于见闻。孔子曰：'吾有知乎哉？无知也。'良知之外，别无知矣。故致良知，是学问大头脑，是圣人教人第一义。""孟子言：'必有事焉。'则君子之学，终身只是集义一事。义者，宜也，心得其宜之谓义；能致良知，则心得其宜矣，故集义亦只是致良知。君子之酬酢万变，当行则行，当止则止，当生则生，当死则死，斟酌调停，无非是致其良知，以求自慊而已。故君子'素其位而行'，'思不出其位'，凡谋其力之所不及，而强其知之所不能者，皆不得为致良知。而凡'劳其筋骨，饿其体肤，空乏其身，行拂乱其所为，动心忍性，以增益其所不能者，皆所以致其良知也。""良知之在人心，无间于圣愚，天下古今之所同也。世之君子，惟务致其良知，则自能公是非，同好恶，视人犹己，视国犹家，而以天地万物为一体，求天下无事不可得矣。尧舜三王之圣，言而民莫不信者，致其良知而言之也；行而民莫不说者，致其良知而行之也。是以其民熙熙嗥嗥，杀之不怨，利之不庸。……为其良知之同也。""良知只是一个天理，自然明觉发见处，只是一个真诚恻怛，便是他本体。故致此良知之真诚恻怛以事亲，便是孝；致此良知之真诚恻怛以从兄，便是弟；致此良知之真诚恻怛以事君，便是忠。""我辈致知，只是各随分限所及。今日良知见在如此，只随今日所知扩充到底；明日良知又有开悟，便从明日所知扩充到底，如此方是精一工夫。""不睹不闻，是良知本体。戒慎恐惧，是致良知工夫。""夫良知者，即所谓'是非之心，人皆有之'，不待学而有，不待虑而得者也。人孰无是良知乎？独有不能致之耳。……是良知也者，是所谓天下之大本也。致是良知而行，则所谓天下之达道也。天地以位，万物以育，将富贵、贫贱、患难、夷狄，无所入而弗自得也矣。""孟子云：'是非之心，知也。''是非之心，人皆有之。'即所谓良知也。孰无是良知乎？但不能致之耳。""良知良能，愚夫愚妇与圣人同。但惟圣人能致其良知，而愚夫愚妇不能致，此圣愚之所由分也。"

（四）格物致知说

阳明在龙场时，忽悟格物致知，当求诸心。于是将程朱即物穷理旧说，完全打破，一方为吾国理学界开新纪元。他说道："'尽心知性知天'，是'生知安行'事。'存心养性事天'，是'学知利行'事。'妖寿不贰修身以俟'，是'困知勉行'事。朱子错训格物，只为倒看了此意。以'尽心知性'为'物格知至'，要初学便去做'生知安行'事，如何做得。""身之主宰便是心，心之所发便是意，意之本体便是知，意之所在便是物。如意在于事亲，即事亲便是一物。意在于事君，即事君便是一物。意在于仁民、爱物，即仁民爱物便是一物。意在于视、听、言、动，即视、听、言、动便是一物。所以某说'无心外之理，无心外之物'。《中庸》言'不诚无物'。《大学》'明明德'之功，只是个'诚意'。'诚意'之功，只是个'格物'。""格物，如《孟子》'大人格君心'之格，是去其心之不正，以全其本体之心。但意念所在，即要去其不正，以全其正。即无时无处不是存天理，即是穷理。天理即是明德，穷理即是'明明德'。""格者正也，正其不正，以归于正也。""朱子所谓格物云者，'在即物而穷其理'也。'即物穷理'，是就事事物物上求其所谓定理者也。是以吾心而求理于事事物物之中，析心与理而为二矣。……若我所谓'致知格物'者，致吾心之良知于事事物物也。吾心之良知，即所谓天理也。致吾心良知之天理于事事物物，则事事物物皆得其理矣。致吾心之良知者，致知也。事事物物皆得其理者，格物也。是合心与理而为一者也。""夫正心，诚意、致知、格物皆所以修身。而格物者，其所用力非可见之地。故格物者，格其心之物也，格其意之物也，格其知之物也。正心者，正其物之心也。诚意者，诚其物之意也。致知者，致其物之知也。此岂有内外彼此之分哉？""先儒解格物，为格天下之物，天下之物，如何格得？且谓一草一木，亦皆有理，今如何去格？纵格得草木来，如何反来诚得自家意？我解格作正字义，物作事字义。"

阳明学说，甚为丰富。除上述外，尚有仁说、性说、亲民说、诚意说、克己说、立志说、存天理去人欲说、训蒙说、辟老佛说，确是有明一大理学家。可惜吾国学者从来未能切实奉行，反被日本利用王学致明治维新，大功告成，岂真"迁地为良，借才异地么"？

第三节　守仁同时的学说

（一）湛若水

若水字元明，号甘泉，广东增城人。从陈白沙游，弘治间进士，官至南京礼、吏、兵三部尚书。卒年九十五。当时学者除王门外，要算他门下。他的学说和阳明稍有出入，阳明主张致良知，他主张随处体认天理。他说道："阳明训格为正，训物为念头，格物，是正念头也。苟不加学问思辨行之功，则念头之正否未可据。"又说道："谨独格物，其实一也。格物者，至其理也。学问思辨行，所以至之也，是谓以身至之也。所谓穷理者如是也。近而心身，远而天下，暂而一日，久而一世，只是格物一事而已。格物云者，体认天理而存之也。"又说道："格者，至也。物者，天理也。格即造诣之义，格物者，即造道也。知行并进，学问思辨行，皆所以造道也。故读书、亲师友、酬应，随时随事，皆求体认天理而涵养之，无非造道之功。诚、正、修功夫，皆于格物上用，家、国、天下，皆即此扩充，无两段工夫，此即所谓止至善。"又说道："人心与天地万物为体。体物而不遗，认得心体广大，则物不能外矣，故格物非在外也。格之致之，心又非在外也。"甘泉和阳明虽意见不同，然在当时，亦能独树一帜的。

（二）罗钦顺

钦顺号整庵，字允升，吉安泰和人。弘治间进士，官至南京吏部尚书。卒谥文庄。整庵的功夫，初由禅入，后归于儒。所著有《困知记》《整庵存稿》。整庵曾说道："自夫子赞《易》，始以穷理而言，理果何物也哉？盖通天地，亘古今，无非一气而已。气本一也，而一动一静，一往一来，一阖一辟，一升一降，循环无已，积微而著，由著复微，为四时之温凉寒暑，为万物之生长收藏，为斯民之日用彝伦，为人事之成败得失，千条万绪，纷纭蓼辕，而卒不克乱，有莫知其所以然而然，是即所谓理也。初非别有一物，依于气而立，附于气以行也。"理气一元论，自程明道始，伊川、晦庵分作二元，不免支离之病，象山、阳明虽主张一元，不过言理不言气。整庵独能辟明明道所心得，确是不容易的。

第四节　王子门人

阳明讲学，由近及远，起初仅限于乡里间，如徐曰仁、蔡希渊、朱守中等是，阳明颇看重他们。自谪龙场后，四方来受业的更多。至明末他的学问遍天下，黄梨洲作《明儒学案》，述王学诸子，分地域为浙中、江右、南中、楚中、北方、粤闽、泰州等七派。浙中派著名的，如钱绪山、王龙溪等。江右派著名的，如邹东廓、罗念庵、刘两峰、聂双江等。南中派著名的，如王心斋、黄五岳、朱得之、戚南元、周道通、冯南江等。楚中派著名的，如耿天台等。北方派著名的，如穆元庵、王纯甫、张宏山、孟我疆、尤西川、孟云浦、杨晋庵、南瑞泉等。粤闽派著名的，如方西樵等。泰州派著名的，由王心斋传下。清初治王学的，多出刘念台门下，以黄梨洲、李二曲、孙夏峰、刘伯绳、汤潜庵等为最著名。现把对于王学最有关系的记下。

（一）徐爱

爱字曰仁，号横山，余姚人，于阳明为内兄弟。横山称弟子，较他人独早。横山起初对于阳明教学颇怀疑，后渐觉悟，为笃信王学的第一人。阳明说道："曰仁吾之颜渊也。"惜早卒。

（二）王艮

艮字汝止，号心斋，扬州人。他以振兴王学为己任。卒年五十八，著作有《心斋全集》。他以《大学》为依据，以其他经传子史为参考。说道："格为格式之格，即絜矩之谓也。吾心一矩也。天下国家如一方形，矩正则方形亦正，故心正则天下国家亦正。方形正则格成，故曰物格。"

（三）王畿

畿字汝中，号龙溪，山阴人。弱冠来受业，资性明敏，长雄辩，后专心流传王学于吴楚闽越江浙间。卒年八十六，著有《龙溪全集》。说道："夫子立教随时，谓之权法，未可执定。体用显微，只是一机；心意知物，只是一事。若悟得心是无善无恶之心，意即是无善无恶之意，知即是无善无恶之知，物即是无善无恶之物。盖无心之心则藏密，无意之意则应圆，无知之知则体寂，无物之物则用神。天命之性，粹然至善，神感神应，其机自不容已。无善可应，恶固本无，善亦不可得而有也，是谓无善无恶……"后人称为他的四无教。他的说法高远，易流于禅，不免要受人讥评。

（四）钱德洪

德洪字洪甫，号绪山，余姚人。致仕后，在野三十年，日日讲学，卒年七十九。他和龙溪从阳明最久，他专从事物上磨炼，和龙溪从心体顿悟不同。顿悟近禅，所以后人往往赞成他，而不满意龙溪。

（五）邹守益

守益字谦之，号东廓，江西安福人。听阳明讲学有心得，说道："往吾疑程朱补《大学》先格物穷理，与《中庸》慎独不相蒙，今始知格物即慎独也。"遂称弟子。刻《阳明文录》，竭力宣传王学，为王门正派。

（六）薛侃

侃字尚谦，号中离，广东揭阳人。从阳明学后，讲学于罗浮山永福寺，所著有《研几录》。有人疑阳明类禅，（一）不主张研究书籍；（二）反背晦庵；（三）易蹈空虚，中离代为辩驳，笃信实践，不让他人。

（七）聂豹

豹字文蔚，号双江，永丰人。以御史按闽，过武林，见阳明大悦，说道："君子之所为，众人固不识也。"惟疑阳明接人太滥，阳明说道："吾讲学非蕲人之信己，行吾不得已之心而已。若畏人之不信，必择人而与之，是自丧其心也。"双江称服。阳明征思田，双江问"勿助勿忘"功夫，阳明答书道："此间只说'必有事焉'不说'勿助勿忘'，专言'勿助勿忘'，是爨空铛也。"阳明死，双江设位北面再拜，始称门生，以绪山为证。后双江立静坐法。

（八）魏良器

良器字师颜，号药湖，曾从阳明学。时王龙溪落拓非常，见学者辄诽诮，药湖多方诱致，使他见阳明称弟子。钱绪山临事迟滞，药湖警戒他道："心何不洒脱！"龙溪工夫懒散，药湖亦警戒他道："心何不严栗！"对朋友不姑息，兄良弼、良政，并事阳明。

（九）张元冲

元冲字叔谦，号浮峰，山阴人。阳明曾称他"真切纯笃"。浮峰说道："孔子之道，一以贯之。孟子曰：'万物皆备于我矣。'良知之说，如是而已。"又说道："学者当先立志，不学为圣人，非志也。"

（十）胡瀚

瀚字川甫，号今山，余姚人。从阳明游，深信"致良知"之学。阳明授《传习录》，究意心学。阳明死后，龙溪、心斋、师泉、双江四家各立门户，议论纷纭，今山说道："汝中天泉证道，其说不无附会。汝止以自然为宗，君亮分别支离，文蔚偏向求寂，无立脚处。"他的学问，以求心为主，曾作《心箴图》。

（十一）刘邦采

邦采字君亮，号师泉，安福人。曾从阳明学，阳明死后，学者袭他口吻，致失真相。甚者以揣摩为妙悟，以纵恣为乐地，以情爱为仁，以因循为自然。师泉说道："人之生有性有命，性妙于无为，而命难于有质，故必兼修而后可以为学。"又说道："体用二者不可相离。"

（十二）杨东明

东明，号晋庵，河南虞城人。晋庵晚出，和耿天台讲论王学，当时有诋阳明语的，晋庵辄力辩，学说以气为主，说道："气质之性四字，宋儒此论适得吾性之真体，非但补前辈之未发也。盖盈天地皆气质也，即天地亦气质也，五行亦阴阳也，阴阳亦太极也，太极固一气也，特未落于质耳。"

（十三）刘宗周

宗周字起东，号念台，山阴人。官至吏部左侍郎，卒年六十八。他的学问，虽亦出阳明绪余，然兼宗伊川、晦庵。他以慎独为宗，意极微妙，即屏居独处，一念萌起，他人未知，而己独知，即是独的解释。说道："朱子于独字下补一知字，可谓扩前圣所未发，然专以属之动念边事何耶？岂静中无知乎？使知有间于动静，则不得谓之知矣。"又说道："心无存亡，但离独位便是亡。"又说道："独字是虚位，从性体看来，则曰'莫见莫显'，是思虑未起，鬼神莫知也。从心体看来，则曰'十手十足'，是思虑既起，吾心独知时也。然性体中即在心体中看出。"

有明一代，理学思想变迁，因前继宋学，而尤能发挥光大。譬如象山一派，在宋原不及濂洛关闽的发达，自阳明出而壁垒一新，嗣陆而才高于陆，从此程朱和陆王分为二大学派。

第四章

清代理学

清代理学，最为不振，当时的功令，虽仍注重宋学，然从顾亭林等注重实学，薄宋学为空谈，于是考证的学问，遂独绝千古。孔广森的对于《公羊》，顾栋高的对于《春秋》，陈奂的对于《诗经》，段玉裁的作《说文解字》，阮元的作《经籍纂诂》，郝氏的治《尔雅》，"元元本本，殚见洽闻"，有功经学实在不小。这就是视宋儒为不足道，因此复张汉代训诂学的旗帜。从前程朱陆王之争，今一变而为汉宋之争，虽李二曲作《四书反身录》，陆稼书、方望溪等亦崇奉宋学，然汉学终盛极一时。至崇奉王学的，大都出自蕺山，不过他的门人，亦大都治程朱学，而尊程朱以攻阳明的，以陆稼书徒为最甚，亦有调和两派的，为夏峰、潜庵，至亭林、梨洲，一则致力于朱学，一则致力于王学，惟颜习斋学问独能卓然自立，既不沾沾于朱王，亦不孜孜于汉宋，孟子所说"豪杰之士，虽无文王犹兴"，习斋可当之而无愧了。现将清儒列举于下。

（一）孙奇逢

奇逢字启泰，又字钟元，号夏峰，直隶容城人。因后来讲学苏门夏峰，所以学者称为夏峰先生。明万历末举于乡，在京师和左光斗、魏大中、周顺昌等以气节相友善。亲死，庐墓六年。家贫食不能常得，他说道："从忧患困郁中默识心性本原，生平得力实在此。"后左、魏、周因党狱为逆阉魏忠贤陷，夏峰力救不避。明清间先后荐征，均不就。后移家居苏门百泉，率子弟门生且学且耕。每清晨学静坐，虽疾不辍。有问必答，因人而施，无论上中下三等人，均同样诚意以待。所著有《理学宗传》等书。他的理学，起初宗象山、阳明，晚年参考晦庵之学，致力于慎独，并随处体认天理，说道："喜、怒、哀、乐中节，视、听、言、动合理，子、臣、弟、友尽分，乃终身行之不能尽者。"又说道："自七十以往，每阅十年功加密，惟独知之地，不敢自欺，无或懈而已。"他的《理学宗传》中，正宗如濂溪、明道、伊川、横渠、康节、晦庵、象山、敬轩、阳明、念庵、泾阳等，而仲舒以下至明末诸儒谨慎小心的为其次，横浦、慈湖等混合禅学又其次，议论最为平允。迥非抱门户见者可比。

（二）黄宗羲

宗羲字太冲，号梨洲，余姚人。父遭逆阉忠贤害死，因袖长锥到京以报父仇，适逆阉已遣，乃锥死狱卒等回乡。师事刘念台，专致力于学问。明末纠合志士，抵抗清师。后尽力著作，从游者数百人。尝说道："学者必先穷经，经术所以经世，乃不为迂儒。"又说道："读书不多，无以证斯理之变；读书多而不求于心，则又为伪儒矣。"有人说："梨洲之学，以濂洛之统，综会诸家，横渠之礼教，康节之象数，东莱之文献，艮斋止斋之经术，水心之文章，莫不旁推交通，自来儒林所未有也。"他不赴清召，所著有《宋元儒学案》《明儒学案》《易象数论》《南雷文定》《南雷文约》《明夷待访录》等。他所主为阳明学，而归本于慎独。致良知当从慎独入手，故所作《明儒学案》，特推重阳明。不过他主张学问要能实践，不尚空谈。所以对于王学末流的援儒入禅，他非常反对。此外《明夷待访录》的《原君》《原臣》篇，能发前人所未敢发，为排除专制改行宪政的先声，实属难得。

（三）顾炎武

炎武字宁人，号亭林。专讲求明体达用经世济人的学问。明末纠合志士抵抗清师，和梨洲同。母因国亡，不食死。亭林刻苦学问，并游历西北诸边，十余年后，居华阴，不应清召。所著有《日知录》等。

亭林崇拜程朱的理学，他所定为学的大要，就是"行己有耻""博学于文"。怎样叫做"行己有耻"？就是关于出入往来辞受取与，皆当有耻。怎样叫做"博学于文"？就是自一身以至天下国家皆当学习。孟子说得好："万物皆备于我矣。"这意思完全相同。他与友人书说道："窃以为圣人之道，下学上达之方，其行在孝弟忠信，其职在洒扫应对进退，其文在《诗》、《书》、三《礼》、《周易》、《春秋》，其用之身，在出处辞受取与，其施之天下，在政令教化刑法，其所著之书，皆以拨乱反正移风易俗，以驯至乎治平之用。而无益者不谈，一切诗赋铭颂赞诔序记之文，皆谓之巧言，而不以措笔。其于世儒尽性至命之说，必归之有物有则五行五事之常，而不入于空虚之论。仆之所以为学者如此。"亭林的志愿可窥见一斑了。

（四）李颙

颙字中孚，号二曲，西安盩厔人。家贫借书读，无所不学。后南下讲学，从者如归市。清召不应，所著有《四书反身录》，和夏峰、梨洲并称三大儒。门人集二曲的遗书，为《二曲集》二十二卷。二曲尝因心体论《易》，说道："求'易'于《易》，不若求'易'于己。人当未与物接，一念不起，即此便是'无极而太极'。及事至念起，惺惺处，即此便是'太极之动而阳'。一念知敛处，即此便是'太极之静而阴'。无时无刻，而不以去欲存理为务。即此便是'天行健，君子以自强不息'。人欲净尽而天理流行，即此便是'《乾》之刚健中正纯粹精'。希颜之愚，效曾之鲁，敛华就实，一味韬晦，即此便是'归藏于《坤》'。亲师取友，丽泽求益；见善则迁，如风之疾；有过则改，如雷之勇；时止则止，时行则行；见可而进，知难而退；动静不失，继明以照四方；则《兑》《巽》《震》《艮》《坎》《离》一一在己，而不在《易》矣。"又说道："是故天下治乱视人心，人心邪正视学术，凡学在反身，道在守约，功在悔过自新，而必自静坐观心始。静坐乃能知过，知过乃能悔，悔乃能自新。"可知二曲的学问，是从心学入手。

（五）陆世仪

世仪字道威，号桴亭，太仓人。喜研究理学，明亡后，清召不应，遂隐居讲学。因他师事念台，故虽系出阳明，而仍宗程朱。所著有《思辨录》，从《小学》《大学》居敬存诚圣经八条目起，及其他人事天道诸子百家无不研究。他作《太极图说》，确有见地。说道："太极二字，原本《系辞》，不过祖述孔子之旧。至于主静立人极，人极二字，则自周子开辟出来；后半'惟人也得其秀而最灵'一段，都是说人极。人极与太极句句相对，则知人身与天地处处相合，绝非矫揉造作。"这和《中庸》"天命之谓性，率性之谓道"，《孟子》"存心养性所以事天"完全相同。所以他论性，主张性不能离气质，离了气质，就要离了天地，因为离了天地，就是在阴阳以外另去寻太极，那末太极落在空虚了。他的至理名言，着实不少。

（六）汤斌

斌字孔伯，号荆岘，又号潜庵，河南睢州人。顺治间进士，官至工部尚书，后赐谥文正。曾师事夏峰。理学能不偏不倚，深得伊川、晦庵、象山、阳明的长处。他对清圣祖说道："守仁致良知之说，与朱子不相刺谬。"又《答陆稼书书》说道："姚江之学，嘉隆以来，几遍天下，近年有一二巨公倡言排之，不遗余力。姚江之学遂衰，可谓有功于程朱矣。仆之不敢诋斥姚江者，非笃信姚江之学也，非笃长厚之誉也。以为欲明程朱之道者，当心程朱之心，学程朱之学；穷理必极其精，居敬必极其至；喜怒哀乐，必求中节；视听言动，必求合礼；子臣弟友，必求尽分；久之人心感孚，声应自众；即笃信阳明者，亦晓然知圣学之有真也，而翻然从之。"他说："心程朱之心，学程朱之学，穷理居敬，必极精至"，这和阳明知行合一有甚么分别呢？

（七）陆陇其

陇其字稼书，平湖人。康熙间进士，曾为县令，政绩颇善，官至监察御史，后赐谥清献。所著有《学术辨》《三鱼堂集》《滕言》《松阳讲义》《读朱随笔》等。曾说道："尝谓圣门之学，虽一以贯之，未有不从多闻多见入者，欲求圣学，断不舍经史。"又说道："今之学者无他，亦宗朱子而已。宗朱子为正学，不宗朱子为非正学。"他论阳明，说道："学者苟无格物穷理之功，而欲持此心之知觉，以自试于万变，其所见为是者果是，而非者果非乎？又况其心本以为人伦庶物，初无与于我，不得已而应之；以不得已而应之心，而处夫未尝穷究之事，其不至于颠倒错谬者几希！其倡之者虽不敢自居于禅，阴合而阳离；其继起者直以禅自任，不复有所忌惮。此阳明之学，所以为祸于天下也。"稼书确是晦庵的保障。不过说到阳明的心，"以为人伦庶物初无与于我，不得已而应之"，这未免太忽略了。试将阳明的著作，细细研究，就可以明白。

（八）颜元

元字浑然，号习斋，博野人。幼聪颖勤读，初崇奉陆王，继笃信程朱，后觉悟尧舜的大道，不外乎水、火、金、木、土、谷的六府，和正德、利用、厚生的三事。宋明诸儒讨论心性，或主学而不思，或主思而不学，都是错误的。他的著作，有《存性》《存学》《存治》《存人》四编，他的《存性》说："以性之善，即在气质，别无所谓天地之性，孟子言性善，即是谓气质之善也。"《存学》说："以为古之学一，今之学棼；古之学实，今之学虚；古之学有用，今之学无用。"所以他教人学六艺，冠、昏、丧、祭，必遵古典，且备日记，以考德行。《存治》说："井田周官之制，可以斟酌而施之于今，庶可臻于上理也。"《存人》说："以为人生存一日，当为生平办事一日，不可不先自治。"故常习恭，习恭就是他的自治。他不为宋明诸儒所限，一意注力于六府、三事、六艺、四教等，专讲二帝三王的实用，不尚宋明二代的空谈，这是他的独到处。

（九）戴震

震字东原，休宁人。幼时读《大学章句》右经一章，便说晦庵所杜撰。读书必求其义，阅《说文解字》乃通，并通《十三经》。后从江慎修学乃大成，经义声韵，多有著作。他对于宋儒的言性、言理、言道、言仁、义、礼、智、信，他总要怀疑。说不是《六经》孔孟的原意。而于晦庵的《四书集注》尤甚。说道："朱子注《大学》，开卷言'虚灵不昧'，便涉异学，其言'以具众理应万事'，尤非理字之旨。古人云理解者，寻其腠理而析之也。曰：天理者，如庄周'依乎天理'，即所谓'彼节者有间'也。古圣贤以体民之情遂民之欲为得理，今人以己之意见不出于私为理，是以意见杀人，咸自信为理矣。《中庸注》言'性即理也'，其可乎？"他论性说道："人与物同有欲，欲也者，性之事也。"又说道："欲不流于私则仁，不溺而为慝则义，情发而中节则和；如是之为天理。情欲未动，湛然无失，是为天性。"这段话和吕东莱论"贪吝二念孰非至理"完全相同。

有清一代，考证学独盛，理学反远不及宋明，这是什么理由呢？因为宇宙伦理等学说，在宋明时代已发挥尽致，儒者只须研究音韵训诂，以明白古人的真意。不过汉代的训诂，因经过秦项二火之后，其势不得不然。至清朝在宋明之后对于理学思想，极应发皇光大，乃竟中道夭折。近百年来，朱学派和王学派的暗潮亦逐渐消灭，就是证明研究二人学问的减少之故。东邻日本国至今两派对峙，而国势的蒸蒸日上，咸归功于王学，这是无可讳言的。